TRAITÉ

DE

DROIT MUSULMAN

PAR

CH. GILLOTTE

Avocat à Bône.

BÔNE

IMPRIMERIE DE DAGAND.

1854.

TRAITÉ

DE

DROIT MUSULMAN.

TRAITÉ

DE

DROIT MUSULMAN

PAR

CH. GILLOTTE

Avocat à Bône.

BÔNE

IMPRIMERIE DE DAGAND.

1854.

AVANT-PROPOS.

Ce traité n'était point destiné à la publicité. Dans mes rapports fréquents avec les
indigènes j'avais souvent examiné des questions intéressantes et, chaque fois, j'avais
consigné mes observations.

L'idée me vint de réunir en un volume,
et pour moi seul, les principes du droit
musulman. Je mis à contribution l'excellente
traduction de Sidi-Khelil, par M. Perron,
le *Tableau de l'empire ottoman*, par d'Hosson. Je taillai en plein drap (qu'on me passe
l'expression) dans ces deux auteurs; je gla-
nai de ci de là, et, guidé par un homme
aussi éclairé qu'intelligent, Sidi-Mohammed-

Larguech, cadi de Bône, je réalisai ma pensée.

Quelques personnes qui avaient vu mon petit recueil m'engagèrent à le publier ; elles me déterminèrent en m'affirmant qu'il pouvait être utile.

Ce n'est point une œuvre originale que j'offre au public, c'est une compilation.

Ceci bien expliqué, il me reste à dire pourquoi je n'ai point fait ressortir les différences qui existent entre le rite maleki et le rite hanefi.

Le droit musulman est tout entier dans le Coran. L'interprétation des articles qui composent ce remarquable monument a donné lieu à deux jurisprudences bien distinctes :

Celle de Azam-bou-Hanifa,

Celle de Malek.

J'ai pensé qu'avant d'étudier la jurisprudence il était bon de connaître parfaitement la loi.

Le traité du droit musulman n'est que la

première partie d'un travail qui sera inces-
samment publié.

Il comprend le texte du Coran, les com-
mentaires des auteurs plus haut nommés et
l'indication des articles de notre Code qui
ont quelque analogie avec les passages cités.

Sans prétentions, n'ayant d'autre ambi-
tion que celle de rendre service à ceux qui,
habitant l'Algérie, désirent s'initier aux lois
musulmanes, je m'estimerais parfaitement
heureux si je trouvais chez mes lecteurs un
peu de bienveillance.

C. G.

Bône, le 1er juin 1854.

TRAITÉ
DE DROIT MUSULMAN.

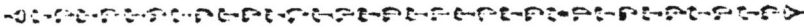

LIVRE PREMIER.

DES PERSONNES.

TITRE PREMIER.

DE LA MAJORITÉ.

Chez les musulmans, les personnes se divisent en deux classes : les personnes libres et les esclaves.

Dans la dépendance absolue de leurs patrons, les esclaves sont privés de toute liberté civile.

Le 27 avril 1848, le gouvernement provisoire, appliquant le principe suivant : —

1

« Le sol de la France affranchit l'esclave qui le touche, » — décréta l'abolition de l'esclavage en Algérie.

Notre travail étant destiné aux habitants des colonies françaises du nord de l'Afrique, le décret que nous venons de citer nous dispense d'examiner toutes les questions qui se rattachent à la division des personnes.

Tout musulman en état de majorité et de bon sens peut jouir des droits attachés à sa qualité, suivant les prescriptions de la loi. Le temps de la majorité est indiqué par les signes de la puberté. Toutefois l'homme avant douze ans, la femme avant neuf ans accomplis ne peuvent être réputés majeurs.

L'homme et la femme doivent déclarer, sous la foi du serment, qu'ils sont en état de puberté et, au besoin, ils peuvent être contraints de montrer les signes qui indiquent cet état dans l'un et l'autre sexe; à défaut de cette preuve, la majorité est fixée pour les deux sexes à quinze ans accomplis.

Certains dissidents, et notamment l'imam Abou-Hanifa, fixent la majorité des hommes à dix-huit ans et la majorité des femmes à dix-sept ans.

TITRE II.

DES ABSENTS.

Lorsqu'une personne aura cessé de paraître au lieu de sa résidence et que, depuis un certain temps, on n'en aura point eu de nouvelles, les parties intéressées pourront se pourvoir devant le cadi afin que l'absence soit constatée (art. 115 du Code Napoléon). La disparition d'un individu dont on ignore l'existence le fait considérer comme vivant, sous certains rapports, et, sous d'autres, comme décédé.

1° *Le fait considérer comme vivant.* — Son tuteur naturel prend l'administration de ses biens; à défaut de tuteur, son fondé de pouvoirs le représente; enfin, à défaut de l'une ou de l'autre de ces personnes, la gestion est confiée à un curateur *ad hoc* nommé par le cadi.

Les tuteur, mandataire ou curateur sont considérés comme des dépositaires et restent comptables envers l'absent en cas qu'il reparaisse ou qu'on ait de ses nouvelles (art. 125 du Code Napoléon). Administrateurs seulement, ils ne peuvent aliéner les propriétés de l'absent et il ne leur est permis de vendre que les objets sujets à dépérissement; ils sont tenus de pourvoir à la subsistance de sa famille (1) et même de ceux de ses proches (de la ligne directe, ascendante ou descendante) qui seraient dans l'indigence.

Les collatéraux n'ont aucun droit à la

(1) Par famille nous entendons ici la femme et les enfants.

bienfaisance d'un parent absent. Les tuteur, mandataire ou curateur ne peuvent recevoir les créances ou payer les dettes sans autorisation de justice.

2° *Le fait considérer comme mort.* — On ne peut recueillir pour lui aucune succession. Ses droits restent en suspens jusqu'à l'époque de son retour ou jusqu'à ce qu'on ait acquis la certitude de sa mort.

Si l'absence a continué pendant quatre-vingt-dix ans, les intéressés s'adresseront au cadi, qui, dans un acte judiciaire, constatera le fait; armés de cet acte, les héritiers procèderont dans les formes prescrites au partage des biens.

La femme de l'absent ne pourra se remarier qu'après avoir accompli le temps de retraite imposé à la veuve. Le délai commencera à partir de la date de l'acte constatant l'absence prolongée au-delà du terme plus haut indiqué.

TITRE III.

DU MARIAGE.

« N'épousez que deux, trois ou quatre femmes. Choisissez celles qui vous auront plu. Si vous ne pouvez les maintenir avec équité, n'en prenez qu'une, ou bornez-vous à vos esclaves. Cette conduite sage vous facilitera les moyens d'être justes et de doter vos femmes. Donnez-leur la dot dont vous serez convenus. Si la générosité les portait à vous la remettre, employez-là à vous procurer les commodités de la vie.

» N'épousez pas les femmes qui ont été les épouses de vos pères. C'est un crime, c'est le chemin de la perdition; mais si le mal est fait, gardez-les. Il ne vous est pas permis d'épouser vos mères, vos filles, vos sœurs, vos tantes, vos nièces, vos nourrices, vos sœurs de lait, vos grand'mères, les filles de vos femmes dont vous avez la garde, à moins que vous n'ayez pas habité avec leur mère. Vous n'épouserez point vos belles-filles, ni deux sœurs. Si le crime est commis, Dieu est indulgent et miséricordieux.

» Il vous est défendu d'épouser des femmes mariées libres, à moins que le sort des armes ne les ait fait tomber entre vos mains. Telles sont les lois du Seigneur, tout le reste vous est permis.

» .... Donnez à celles dont vous avez joui la dot promise, suivant la loi; cet engagement accompli, tous les accords que vous ferez ensemble seront licites.

» Un homme débauché ne pourra épouser qu'une femme de son espèce, ou une idolâtre. Une fille débauchée ne se mariera qu'à un impudique; ces alliances sont interdites aux fidèles. Les femmes que vous laisserez en mourant attendront quatre mois et dix jours; ce terme expiré, vous ne serez point responsables de ce qu'elles feront légitimement. — Dieu voit vos œuvres. Ne serrez les liens du mariage que quand le temps prescrit sera accompli......

»....... Les femmes doivent être obéissantes et taire les secrets de leurs époux, puisque le ciel les a confiées à leur garde. Les maris qui ont à souffrir de leur désobéissance peuvent les punir, les laisser seules dans leur lit, et même les frapper...

».... Si vous craignez la dissension entre le mari et la femme, appelez un juge de chaque côté, et s'ils consentent à vivre en bonne intelligence, Dieu fera régner la paix au milieu d'eux, parce que rien n'échappe à sa connaissance.

»....... Ceux qui jurent de ne plus vivre avec leurs femmes, et qui se repentent de leur serment, ne pourront avoir commerce avec elles avant d'avoir donné la liberté à un captif; c'est un précepte de Dieu, il connaît toutes vos actions... Celui qui ne trouvera point de captif à racheter jeûnera deux mois de suite, et s'il ne peut supporter ce jeûne il nourrira soixante pauvres.

» ... Ceux qui jureront de n'avoir point de commerce avec leurs femmes auront un délai de quatre mois. Si, pendant ce temps, ils reviennent à elles, le Seigneur est indulgent et miséricordieux. Si le divorce est fermement résolu, Dieu sait et entend tout...

» ... Vous ne pourrez, malgré vos efforts, avoir un amour égal pour vos femmes, mais vous ne ferez jamais pencher la balance d'aucun côté, et vous les laisserez en suspens...........

» ... Que ceux que l'indigence éloigne du mariage vivent dans la continence jusqu'à ce que le ciel leur ait donné des richesses..

» ... Vous pouvez épouser les filles libres des infidèles et des juifs, pourvu que vous les dotiez; mais il vous est défendu de vivre avec elles dans la débauche, et de les avoir pour courtisannes.........

» . . . . . O prophète! prescris à tes épouses, à tes filles et aux femmes des croyants
d'abaisser un voile sur leur visage, il sera la
marque de leur vertu et un frein contre les
discours du public.

» Vos épouses peuvent se découvrir devant leur père, leurs enfants, leurs neveux, leurs femmes, leurs esclaves; les
femmes âgées pourront quitter leur voile,
pourvu qu'elles n'affectent pas de se montrer. . . . .

» Purifiez-vous après vous être approchés
de vos épouses. » (Extraits du Coran, traduction de Savary).

Tels sont les principaux passages du Coran
relatifs au mariage; il nous reste à les déve-
lopper : c'est ce que nous allons faire avec
l'aide des commentateurs.

SECTION PREMIÈRE.

Des conditions relatives à la validité du mariage.

Le mariage, dit Mouradgeah-d'Hosson, est d'obligation canonique ou d'obligation imitative : d'obligation canonique, pour ceux chez qui les sens dominent avec empire, ou qui ont assez de bien pour entretenir une famille ; d'obligation imitative, pour ceux dont les besoins physiques sont moins impérieux ou dont la fortune est modeste.

Toute personne majeure et saine d'esprit, de l'un ou de l'autre sexe, est libre de disposer elle-même de sa main.

Un croyant peut avoir jusqu'à quatre femmes légitimes.

Cinq conditions sont nécessaires pour la légitimité du mariage, ce sont :

1° L'état de majorité et de bons sens ;

2° L'intention des conjoints de remplir le but du mariage ;

3° Le consentement des parties ;

4° La cérémonie dans les formes prescrites ;

5° La volonté d'accomplir leurs devoirs mutuels.

Nous allons examiner isolément chacune de ces conditions dans l'ordre que nous venons d'indiquer.

Il faut aux conjoints :

.... 1° L'état de majorité et de bon sens (nous avons dit, page 2, à quel âge on pouvait être majeur ou être réputé majeur) ;

..... 2° L'intention de remplir le but du mariage,

... Qui est la propagation de l'espèce humaine ;

.... 3° Le consentement des parties.

Le consentement de l'homme est indispensable ; quant à la femme, il y a une distinction à établir suivant qu'elle est encore ou qu'elle n'est plus vierge. Le silence de la vierge est considéré comme un consentement; la fille déflorée doit au contraire formuler son acquiescement.

Le mariage peut être consenti par un oukil ou procureur fondé; il est conclu par un ouali ou représentant ayant droit et pouvoir de contracter pour la femme.

L'ouali tient son droit de la nature et son pouvoir de sa volonté. L'ouali, comme l'indique son nom, est un parent.

Est ouali, d'abord le fils (du père légitime de la fille), puis, à défaut du fils, le fils du fils; les fils sont mis au premier rang parce qu'ils sont les premiers héritiers dans la ligne paternelle; après vient le père, puis l'aïeul père du père, etc.... Le droit d'être ouali appartient ensuite, à défaut des fils, au père légitime de la fille; puis, à défaut du père, au frère de la fille (Perron, 2ᵐᵉ vol., p. 330).

Si la fille est sans parent, le cadi est son ouali.

4° Il faut encore que la cérémonie soit faite dans les formes prescrites.....

..... Le mariage est célébré le plus souvent dans la maison du futur, en présence de deux témoins.

Si le mariage a eu lieu sans que cette condition ait été remplie, il peut être annulé; cependant, si on l'a célébré publiquement, les époux ne sont passibles d'aucune peine; bien que le consentement réciproque suffise pour la consommation du mariage, il est dans l'usage d'aller devant le cadi.

Le mari se rend seul devant ce magistrat, qui constate sa déclaration sur un registre tenu à cet effet. Après cette démarche, l'époux fait le *don nuptial.*

On entend par don nuptial le cadeau dont le mari gratifie sa femme. Le cadeau varie suivant l'état de fortune et la générosité du mari. Ce don doit être renouvelé lorsque l'époux répudie sa femme. Les parents de la future ont donc un double motif pour en obtenir une constitution dotale considérable; d'abord, parce qu'en cas de décès du mari, la part de la femme est plus forte; ensuite, parce qu'ils espèrent que l'importance du don à renouveler empêchera l'époux d'user du droit de répudiation. La femme ne reçoit de ses parents qu'un trousseau, dont la richesse varie suivant la fortune de sa famille.

Lorsque le prophète épousa *Saphya*, son esclave affranchie, il décida que le seul cas dans lequel l'époux pourrait se dispenser de faire le don nuptial était celui d'union avec son esclave affranchie. La raison de cette exception est que le don de la liberté est le plus précieux des présents; nous reviendrons sur cette question du don nuptial.

Après l'acceptation du don, les noces commencent : elles durent plusieurs jours. Chacune des familles les célèbre à part. Les hommes sont séparés des femmes. Celles-ci accompagnent la mariée au bain et présideut à sa toilette; le quatrième jour, on conduit, en grande pompe, la mariée dans la maison de son époux.

Toujours couverte de voiles épais, la mariée est introduite par une matrone *(machta)* dans la chambre nuptiale. Sur un signe de l'époux elle prend place à ses côtés.

Après quelques instants, la machta enlève les voiles.

Ce moment est sans contredit le plus pénible pour l'époux. Il ne connaît pas encore le visage de celle qui va désormais rester sa compagne et il doit cependant, au moment où le voile tombe à côté de lui, rester fixe et immobile; un regard rapide, voilà tout; un regard prolongé serait une marque de curiosité, bien légitime assurément, mais d'un funeste présage, disent les musulmans.

Les deux époux restent ainsi côte à côte, n'osant se regarder... Lorsque la machta s'est retirée, ils sont libres de s'admirer; à partir de ce moment ils rentrent dans la vie commune.

Le lendemain, après un festin, les deux familles rentrent dans leur calme habituel.

... 5° Il faut aux époux la volonté d'accomplir leurs devoirs mutuels....

La femme doit soumission absolue aux ordres de son mari : elle n'a point à les discuter, elle doit obéir!! Toutefois le mari ne peut la contraindre à changer le lieu de sa résidence, ou à l'accompagner dans un voyage de plus de trois journées.

La femme qui n'a pas atteint sa onzième année ou qui n'est pas bien formée peut refuser d'accéder aux désirs de son mari.

Les droits du mari sur sa femme ne sont relatifs qu'aux avantages ou aux jouissances qui résultent de son union avec elle.

Il y a donc une grande distinction à établir entre la puissance du mari sur sa femme et la puissance du patron sur son esclave : l'une n'est que fictive, l'autre est réelle.

Le mari doit traiter également toutes ses femmes ; cette égalité de soins doit tout comprendre.

La femme esclave ne peut exiger de son époux que la moitié de ce qu'il accorde à sa femme libre. Pour octroyer une faveur exceptionnelle à l'une de ses femmes, l'époux est obligé de solliciter le consentement de ses autres épouses (1).

Durant la maladie même, l'époux doit partager ses nuits entre ses différentes femmes.

Le représentant ou tuteur du mari aliéné doit successivement conduire celui-ci à chacune d'elles.

L'aliénation mentale de la femme n'excuse pas le mari qui la néglige. Pendant la maladie de l'une de ses femmes, le mari devra

(1) Seïda ayant été épousée pour la seconde fois par le prophète, qui l'avait répudiée, Aïscha, l'épouse favorite, obtint d'elle la cession de ses droits au lit de leur commun époux.   (D'Hosson.)

passer chez elle et auprès d'elle les nuits auxquelles elle a droit.

La journée qui suit la nuit passée auprès de l'une des femmes appartient à cette femme.

Le devoir de partager ses nuits n'impose point à l'époux l'obligation de partager également ses faveurs maritales.

Un bon musulman ne doit point, après avoir passé une partie de la nuit chez une de ses femmes, se rendre auprès d'une autre, pour y rester jusqu'au matin.

Quand un fidèle épouse une vierge, il doit passer avec elle sept nuits consécutives. Lorsque la femme n'est plus vierge, l'époux ne lui doit que trois nuits.

La femme peut toujours, avec le consentement de son mari, céder son tour à une de ses coépouses.

L'homme doit dépenser, pour chacune de ses femmes, une somme en rapport avec son état, son rang et ses facultés.

Un logement particulier doit être assigné à chacune d'elles ; deux ou plusieurs épouses peuvent habiter la même maison, pourvu qu'elles aient des appartements distincts ; peu importe du reste que les dépendances soient communes.

Toutes les fois que la femme a des sujets de plaintes contre son mari, elle peut l'inviter à se rendre chez le cadi ; le magistrat écoute les réclamations de l'épouse, les explications du mari, et peut contraindre celui-ci, même par la voie de l'emprisonnement, à donner satisfaction aux demandes légitimes.

Si, pendant une absence du mari, la femme manque des ressources nécessaires pour assurer son existence, elle doit s'adresser au cadi, qui l'autorise à faire des emprunts, des achats à crédit, des ventes de meubles, jusqu'à concurrence des sommes indispensables ; l'autorisation ne lui est accordée qu'autant qu'elle affirme, sous serment, avoir des besoins réels et lorsqu'elle fournit caution pour la restitution de la somme, en cas de protestations de la part de son mari.

Si, pendant la durée de l'absence, le mari vient à mourir, la femme qui ne s'est point fait autoriser n'a pas le droit de réclamer de la succession le montant des sommes que le mari aurait dû lui laisser pour pourvoir à ses besoins pendant la durée de son absence.

Il n'est qu'un seul cas où la femme puisse réclamer ce qui lui est dû par la succession pour l'entretien durant l'absence; c'est celui où elle serait débitrice de ladite succession.

Auquel cas une compensation légale s'opère entre le montant de la somme à elle due et celui de la somme dont elle est débitrice envers les héritiers.

Le mariage est prohibé en ligne directe entre tous les ascendants, descendants et alliés dans la même ligne, c'est-à-dire entre parents au dégré de père, mère, d'aïeul, de fils, de fille (quand même le mariage avec la fille ne serait pas encore consommé), de bru, de belle-mère ou femme du père, de belle-fille (à moins que la mère de celle-ci ne fût morte ou n'eût été répudiée avant la consommation du mariage).

Le mariage est prohibé entre parents indirects ou incomplets, c'est-à-dire entre le mari et les proches parentes de la femme à laquelle il est encore uni par le lien du mariage ; telles que ses sœurs ou toutes autres de ses parentes à la même proximité que celle qui emporte prohibition de mariage entre l'homme et la femme.

Un musulman ne peut épouser la femme dont il a sucé le lait.

Par la succion du lait, il s'opère entre le musulman et sa nourrice et tous les parents en ligne directe ascendente, descendante et les alliés de celle-ci, une parenté qui empêche le mariage.

Le lait d'une femme qui aurait jailli dans les narines d'un enfant, ou qui lui aurait servi de nourriture ou même de remède opère également cette parenté.

Il y a prohibition de mariage entre un musulman et la descendante directe de la femme avec laquelle il aurait eu l'intention de contracter, s'il s'est permis envers celle-ci un baiser sur la bouche, un attouchement, même un regard voluptueux ; à plus forte raison s'il a eu avec elle des relations sexuelles.

Les baisers, attouchements et désirs impurs dont une jeune fille de moins de neuf ans aurait été l'objet n'opèrent pas de parenté, partant n'entraînent pas prohibition de mariage avec ses parents.

Un musulman ne peut épouser :

1° Son esclave avant de l'avoir affranchie, car la double qualité d'époux et de maître ne peut résider en lui ;

2° Les femmes païennes (les juives et les chrétiennes ne sont pas comprises dans cette prohibition) ;

3° La femme veuve ou répudiée qui est encore dans l'*iddet* (1) ;

4° L'esclave étrangère.

Ce serait, disent les commentateurs, avilir une femme libre que de lui donner pour compagne une esclave que l'on épouserait après elle.

5° Une femme enceinte, à moins que la grossesse ne soit le fait de celui qui la demande ;

6° Enfin une femme déjà mariée ou fiancée.

Est nul :

1° Le mariage de l'homme qui prend une cinquième femme ;

2° Le mariage d'un mahométan avec une infidèle.

Il est trois sortes de personnes qui peuvent imposer le mariage : le patron, le père et le tuteur.

(1) L'*iddet* est un temps de retraite légale , soit après la mort du mari , soit après la répudiation ; nous consacrons un chapitre à l'iddet.

Dans tous les cas, le maître peut imposer le mariage à son esclave; l'esclave ne peut refuser, à moins qu'il ne s'agisse d'un mariage avec un individu fou, malade, impotent ou incomplet. Toutefois, lorsque la propriété de l'esclave n'est pas entière, c'est-à-dire lorsque l'esclave appartient par indivis à plusieurs maîtres, le consentement de chacun d'eux est nécessaire pour la validité du mariage.

Le père a un pouvoir moins absolu : il ne peut imposer le mariage à sa fille atteinte de folie ou déflorée par suite d'accidents.

Le tuteur a les mêmes droits que le père.

SECTION II.

De la dot ou don nuptial.

En partant du principe (admis par le musulman) que le mariage n'est qu'un contrat de vente, le don nuptial *(mih'r)* est le prix du marché dont la femme est l'objet. Le prix peut être stipulé en numéraire ou en objets de toute nature, pourvu qu'ils ne soient pas impurs et qu'ils puissent être livrés.

Le don nuptial doit être renouvelé en cas de répudiation ; c'est-à-dire qu'en répudiant sa femme, le mari doit lui compter une somme égale à celle qu'il a fournie lors de son mariage. Nous avons dit plus haut que cette obligation était imposée aux maris pour rendre moins nombreuses les répudiations.

Le don nuptial est un des éléments essentiels pour que le mariage soit parfait ; il peut varier suivant la fortune des contractants, mais il est obligatoire.

Lorsque le don nuptial consiste en objets ou denrées, si ces objets n'ont pas la valeur indiquée, la femme à une action contre son mari pour se faire remettre la différence.

Lorsqu'un objet a été donné à titre de dot par un individu qui n'en était pas propriétaire ou qui était propriétaire d'une partie seulement, la femme a le choix ou de réclamer la valeur totale de la dot ou de garder la partie dont le donateur était propriétaire, en exigeant de lui le paiement de la différence.

Il n'est pas nécessaire de remettre le don nuptial contractuel au moment du mariage. Le versement de la dot peut être renvoyé au moment où le mari se trouvera en position de l'acquitter.

Le mari peut donner à une femme, à titre de dot, la liberté de son père, son frère ou son enfant; la femme peut refuser toute entrevue privée avec son mari tant que le don nuptial n'a pas été délivré.

Si le mari qui s'est obligé à fournir une dot dans un délai déterminé ne l'acquitte pas, le cadi peut en fixer un nouveau; mais, dans ce cas, le mari donnera caution. Le plus long délai qui puisse être accordé ne peut excéder onze mois.

Bien que propriétaire de la dot, la femme ne peut en disposer, même avec le consentement de son mari, pendant la durée du mariage.

Les biens du mari sont affectés à la conservation de la dot, et l'augmentation ou la perte sont à son profit ou à sa charge.

De ce qui précède, suit la conséquence que les musulmans ne connaissent pas le régime de la communauté; le régime dotal seul est admis par eux; à quelques différences près, il est soumis aux mêmes règles que le régime dotal en France.

Comme tous les biens du mari forment la garantie du don nuptial, la femme a un droit de suite sur les immeubles vendus par son mari et, bien qu'ils aient passé en une main étrangère, elle a sur ces immeubles une action réelle pour le paiement de sa constitution dotale.

Il en est de même chez les israélites; c'est

ce que nous démontrerons dans un travail qui fera suite à celui-ci.

Nous aurons encore l'occasion de revenir sur la question du don nuptial, en parlant de la dissolution du mariage.

SECTION III.

De la dissolution du mariage.

Le mariage se dissout :
1° Par la mort de l'un des époux ;
2° Par l'option ;
3° Par la répudiation ;
4° Par le divorce ;
5° Par suite d'anathèmes mutuels ;
6° Pour cause d'impuissance ;
7° Enfin, pour cause d'apostasie.

1° *Le mariage est dissout par la mort de l'un des époux.* — La mort naturelle.
2° *Le mariage est dissout par l'option.* —

On entend par option le droit de consentir au maintien du mariage ou d'exiger la dissolution. Le droit d'option n'existe que dans les circonstances suivantes :

Lorsque l'un des deux conjoints n'a pas eu, avant de contracter mariage, connaissance des défauts révocatoires de l'autre conjoint ;

Lorsque, ayant eu connaissance des défauts de cette nature, le conjoint a protesté contre toute acceptation ou bien n'a eu aucun rapport sexuel avec l'autre conjoint.

En cas de contestations entre époux, soit sur la question de savoir si le conjoint qui désire user de la faculté d'opter a été prévenu des défauts révocatoires, soit sur le fait des rapports voluptueux, le serment est déféré.

Nous renvoyons à M. Perron (*Exploration scientifique de l'Algérie*, t. 2, p. 404), pour le détail des causes matérielles de l'option.

Le mariage étant dissout par l'option, le

don nuptial est dû à la femme, s'il y a eu
relations sexuelles ; dans le cas contraire,
elle ne peut rien exiger.

Lorsque la dissolution par option arrive à
la suite de la reconnaissance du mari sur la
condition (libre ou serve) de la femme avec
laquelle il a eu des relations, s'il lui a fait
un don contractuel, il n'est pas tenu de le lui
remettre ; il ne lui fait que le don coutumier.

3° *Le mariage est dissout par la répudiation.*
— Il est écrit dans le Coran :

« Si la dureté et l'aversion du mari fai-
saient craindre à la femme d'être répudiée,
elle doit s'efforcer de le ramener à la dou-
ceur, la réconciliation mutuelle est le parti
le plus sage.

» Ne répudiez vos femmes qu'au terme
marqué. Comptez les jours exactement.
Avant ce temps, vous ne pouvez ni les chas-
ser de vos maisons, ni les en laisser sortir,
à moins qu'elles n'aient commis un adultère
prouvé. Tels sont les préceptes du Seigneur.

Lorsque le terme est accompli, vous pouvez les retenir avec humanité ou les renvoyer suivant la loi. Appelez des témoins équitables. Qu'ils assistent à vos engagements. Que le ciel soit pris à témoin de leur sainteté !........

» ... Attendez trois mois avant de répudier les femmes qui désespèrent d'avoir leurs menstrues. Usez-en de même envers celles qui ne les ont point encore eues. Gardez celles qui sont enceintes jusqu'à ce qu'elles aient mis leur fruit au jour.

» Laissez aux femmes que vous devez répudier un asile dans vos maisons. Ne leur faites aucune violence pour les loger à l'étroit. Accordez à celles qui sont enceintes tous les soins convenables pendant le temps de leur grossesse. Si elles allaitent vos enfants, donnez-leur une récompense réglée entre vous avec équité ; s'il se trouve des obstacles, ayez recours à une nourrice.

» .... Les femmes répudiées laisseront

écouler trois mois avant de se remarier. Elles ne pourront cacher qu'elles sont enceintes, si elles croient en Dieu et au dernier jugement. Il est plus équitable alors que le mari les reprenne s'il désire une sincère réconciliation........

» ... La répudiation n'aura lieu que deux fois. Les maris garderont leurs femmes avec humanité, ou les renverront avec justice. Ils ne peuvent rien retenir de leur dot, à moins que les deux époux ne craignissent de passer les bornes prescrites par le Seigneur. Alors le mari a le droit de se racheter de la rigueur de la loi.

» ... Celui qui répudiera trois fois une femme ne pourra la reprendre qu'après qu'elle aura passé dans la couche d'un autre époux qui l'aura répudiée.

» ... Lorsque vous aurez répudié une femme, et que le temps de la renvoyer sera venu, gardez-la avec humanité ou la renvoyez avec bienfaisance. Ne la retenez point par force, de peur d'être prévaricateur.

» ... Lorsque la femme que vous aurez
répudiée aura attendu le temps marqué,
ne l'empêchez pas de former légitimement
un second hymen.

» ... Les mères allaiteront leurs enfants
deux ans complets, s'ils veulent téter pendant ce temps. La nourriture et le vêtement regardent l'époux de la femme. Il doit
l'entretenir comme il convient, suivant ses
facultés. Les parents ne seront pas contraints
de faire pour leurs enfants plus qu'ils ne peuvent, ni les tuteurs pour leurs pupilles. Il
sera permis à la mère de sevrer son nourrisson du consentement du mari ; ils peuvent
aussi appeler une nourrice, pourvu qu'ils lui
paient fidèlement ce qu'ils auront promis.

» ..... Vous ne serez soumis à aucune
peine en répudiant une femme avec qui vous
n'avez point eu commerce ou à qui vous
n'aurez point assigné de dot. Ce que vous
donnerez à vos femmes doit répondre à vos

facultés; le riche et le pauvre les doteront différemment.

» ... Les dédommagements accordés aux femmes répudiées doivent avoir pour règle la justice et la crainte de Dieu. »

La répudiation est un acte réservé au mari, maître de rompre à son gré le lien conjugal.

Sans des motifs graves, un musulman ne peut justifier cet acte aux yeux de la religion et de la loi. « Que Dieu maudisse quiconque répudie sa femme par le seul motif de plaisir. »

Comme pour contracter mariage, il faut, pour exercer le droit de répudiation, être majeur et sain d'esprit. Un homme qui a répudié deux fois sa femme ne peut la reprendre qu'autant qu'elle aura été depuis mariée à un autre homme.

La répudiation est simple ou par un, double ou par deux, triple ou par trois.

La répudiation par trois est définitive.

Un seul mot proféré par le mari opère la répudiation de la femme. La répudiation doit avoir lieu pendant que la femme est en état de pureté (c'est-à-dire entre les menstrues et les premiers rapports sexuels), elle ne peut avoir lieu pendant l'iddet ou temps d'attente légale que subirait la femme pour une répudiation précédente et révocable.

Les paroles : *Je te répudie,* ou toutes autres ayant le même sens et indiquant nettement l'intention, suffisent pour opérer la répudiation. Les mots : *Je te répudie par une bonne (ou mauvaise) répudiation,* indiquent la répudiation par un ; ceux-ci : *Je te répudie, mets-toi en iddet,* indiquent la répudiation par deux ; enfin les mots : *Tu as la bride sur les épaules,* ou tous autres emportant l'idée d'une intention bien arrêtée de rendre une liberté complète, constituent la répudiation par trois ou définitive.

Il est bon de faire remarquer en passant la gradation de ces trois formes de répudiation. La première peut être le résultat d'un mouvement irréfléchi; la seconde implique une réflexion plus grande; la troisième, enfin, exprime une sorte d'abdication définitive, de renonciation entière à tout rapport avec la femme.

La répudiation est imparfaite tant que la femme est dans son iddet, c'est-à-dire se trouve dans le délai de trois mois après l'acte de répudiation. Le mari peut, durant ce délai, opérer la réunion verbalement ou par action : verbalement, en disant à la femme : *Je retourne à toi;* par action, en cohabitant avec elle, en lui donnant un baiser, etc...

La répudiation est parfaite lorsque le mari a laissé écouler l'iddet sans reprendre sa femme; il faut alors, pour que la réunion soit régulière, le consentement de la femme et de nouvelles conventions relativement au don nuptial.

Nous avons eu souvent l'occasion de parler de l'iddet de la femme, nous allons donner

quelques détails sur la signification et la
portée de ce mot.

Le verset 228, chap. II du Coran (traduction de Kasimirski), dispose qu'une
femme veuve ou séparée de son mari est obligée de rester en retraite pendant un certain
temps avant de pouvoir contracter un nouveau mariage.

Cette retraite se nomme iddet; elle est de
trois espèces, chacune caractérisée selon la
nature de la séparation entre les époux :
1° celle de la répudiation, soit parfaite, soit
imparfaite; 2° celle de la séparation juridique; 3° celle de viduité.

La durée de l'iddet est fixée au terme de
trois infirmités périodiques, afin qu'avant de
contracter un autre mariage la femme puisse
s'assurer qu'elle n'est pas enceinte.

Si la séparation a lieu pendant les jours
d'impureté, la femme doit voir trois fois
ses règles; son iddet cesse le dixième jour
de la troisième infirmité périodique.

La femme qui veut être réputée hors de son iddet est obligée d'affirmer sous serment qu'elle a subi les infirmités de son sexe à trois reprises différentes depuis la mort de son mari ou sa répudiation. Si la femme n'é-prouve pas les infirmités périodiques dont il est question, soit à cause de son âge, soit pour toute autre raison, son iddet est de quatre-vingt-dix jours.

Si, après une répudiation imparfaite par un ou par deux, le mari reprend sa femme au milieu de son iddet, et la répudie de nou-veau, elle est tenue à une nouvelle retraite entière, bien qu'elle n'ait pas eu avec son mari des rapports sexuels.

L'iddet de la veuve est plus long; elle ne peut se marier que quatre mois et dix jours après la mort de son mari. Si, après avoir répudié sa femme, le mari meurt pen-dant l'iddet, celle-ci doit recommencer une nouvelle retraite, comme il vient d'être dit.

Enfin, si le mari meurt pendant la gros-

sesse de sa femme, l'iddet de viduité commence au moment des couches et se prolonge
pendant le temps ci-dessus indiqué.

Pendant son iddet, la femme est tenue aux
mêmes obligations que pendant le mariage ;
elle continue de recevoir, soit du mari, soit
de sa succession, les sommes nécessaires
pour son entretien. Après la répudiation imparfaite, la femme peut rester dans la maison conjugale ; après la répudiation parfaite,
elle est tenue d'avoir un domicile à part.

Nous avons omis de dire qu'après la répudiation parfaite les filles suivent la mère
et les fils restent avec le père.

Au titre des successions, nous verrons que
la femme conserve pendant l'iddet son droit
d'hérédité sur son mari, tandis que le mari
ne conserve ses droits d'hérédité sur la femme
pendant son iddet que lorsque la répudiation
ou la séparation a eu lieu sur la demande
de la femme, faite en état de maladie. En
cas de grossesse, le temps de l'iddet de la

femme esclave se compte comme celui de la
femme libre; en cas de séparation, la retraite
n'exige que deux époques ; enfin, en cas de
viduité, elle n'est que de deux mois et cinq
jours.

Souvent la répudiation n'est que conditionnelle et soumise à certaines éventualités.
Dans ce cas, l'iddet ne commence que lors de
la réalisation de la condition ou de l'évènement prévu.

La femme veuve ou séparée de son mari
est tenue de porter le deuil pendant toute la
durée de son iddet.

La femme en deuil doit s'abstenir de toute
parure et de tout vêtement de couleur écla-
tante. L'usage des parfums et du henné lui
est interdit, à moins qu'elle n'ait besoin d'en
faire usage pour cause d'indisposition réelle.

4° *Le mariage est dissout par le divorce.* —
Le divorce (en arabe, composition, rachat)
est le moyen offert à la femme de se libérer
de l'autorité maritale.

Toutes les fois que la répudiation a lieu moyennant un sacrifice à la charge de la femme, elle n'est autre chose qu'un divorce.

Le divorce se fait par acte juridique et ne peut avoir lieu sans le consentement du mari, qui reçoit le prix convenu. Le paiement du prix peut être fait en numéraire ou en objets, à la convenance du mari; ce prix peut être fourni par un tiers.

La femme impubère ou qui n'est pas émancipée ne peut solliciter le divorce.

La femme créancière de son mari ne peut demander le divorce en offrant à son mari un délai pour payer sa dette. Le prêt à intérêt étant défendu par la loi du prophète, la femme ne peut stipuler une pareille condition, car, dans ce cas, sa liberté représenterait l'intérêt de l'argent prêté à son mari.

Le mari est maître de ne rien accepter et d'accorder le divorce sans que la femme soit tenue de payer le prix du rachat; en cas de divorce, le mari n'est pas obligé, comme en cas de répudiation, de payer le don nuptial.

A partir du divorce tout droit à l'entretien et à la nourriture cesse pour la femme.

Le père d'une fille mineure peut demander le divorce, à charge par lui de payer le prix convenu. Si, après avoir donné son consentement aux propositions du père de sa femme, le mari reçoit un objet quelconque appartenant à celle-ci, le divorce devient une simple répudiation qui astreint le mari au paiement du don nuptial.

5° *Le mariage est dissout par suite d'anathèmes mutuels.* — Ce mode de dissolution n'existe qu'en faveur des musulmans libres, sains d'esprit, majeurs et habiles à porter témoignage en justice.

Lorsque le mari accuse la femme d'adultère, celle-ci a le droit d'introduire contre lui une action, afin de le forcer à soutenir ou à nier ses allégations; s'il persiste, il affirme par serment le bien fondé de ses accusations,

en disant à quatre reprises différentes (1) :
« J'atteste Dieu de la vérité de mon accusation d'adultère ; » la cinquième fois il ajou-
tera : « Que la malédiction de Dieu soit sur
celui qui accuse injustement cette femme. »
Après ce serment, la femme avoue son crime
ou le nie ; si elle l'avoue, elle subit la peine
de l'adultère (2) ; si elle le nie, elle prête serment en ces termes : « L'accusation portée
contre moi par cet homme est fausse, j'en
atteste Dieu. » Après avoir prononcé cette
formule quatre fois, elle recommence et
ajoute : « Que le courroux de Dieu éclate sur

(1) « Ceux qui accuseront leurs femmes, et qui n'auront
pas d'autres témoins à produire qu'eux-mêmes, jureront
quatre fois devant Dieu qu'ils disent la vérité, et la cinquième
fois pour invoquer la malédiction de Dieu s'ils ont menti. »
            (Versets 6 et 7 du chap. 24 du Coran.)
(2) « Si vos femmes commettent l'action infâme, appelez
quatre témoins. Si leurs témoignages se réunissent contre
elles, enfermez-les dans des maisons jusqu'à ce que la mort
les visite ou que Dieu leur envoie un moyen de salut. »
                (Coran, chap. 4, verset 10.)

moi si je ne dis pas la vérité. » Le magistrat constate alors le double anathème par un acte juridique, et déclare le mariage dissout. Le mari ne peut reprendre sa femme sans rétracter formellement son accusation ; il est alors soumis à la peine afflictive que la loi décerne contre une personne qui en a insulté une autre.

Lorsque le mari désavoue un enfant qu'il prétend être le fruit de l'adultère ou de l'inceste, les formules sont les mêmes et les conséquences sont identiques.

En cas de désaveu de paternité, le mari doit prouver qu'il n'a pas cohabité avec sa femme depuis une époque antérieure à la conception de l'enfant.

Si le mari, absent depuis plusieurs années, trouve en rentrant dans le domicile conjugal des enfants, il a le droit de les désavouer et de prononcer contre sa femme l'anathème qui entraine la dissolution du mariage.

L'anathème, à moins de rétractation formelle et de soumission aux peines du parjure, entraine la prohibition perpétuelle d'un nouveau mariage entre les deux époux. L'époux qui a subi une peine pour une fausse accusation portée par lui ne peut plus lancer l'anathème et provoquer ainsi la dissolution de son mariage ; car le caractère d'infamie qu'imprime toute peine afflictive fait perdre le droit de témoigner en justice.

6° *Le mariage est dissout pour cause d'impuissance.* — Si le mari n'est pas en état de remplir le devoir conjugal avec une femme vierge, la femme a le droit de demander la séparation. Si le mari proteste contre l'accusation, on lui défère le serment, et le magistrat charge une matrone d'examiner la femme. Le rapport de cette matrone entraîne, s'il est conforme aux déclarations de l'épouse, la séparation, quand même le mari se refuserait à prêter le serment.

Dans le cas où le mari avoue son impuissance, le magistrat lui accorde un délai pour s'assurer si son infirmité est curable ou non.

La femme esclave ne peut solliciter la séparation pour cause d'impuissance que par l'intermédiaire de son patron.

En cas de séparation pour cause d'impuissance du mari, le don nuptial et le don de consolation (c'est-à-dire le double du don nuptial) sont dus à la femme.

7° *Le mariage se dissout par l'apostasie de l'un des conjoints.* — « Si les deux époux, dit Mouradgeah-d'Hosson, agissant de concert, apostasient, puis abjurent ensemble leur erreur, leur conversion simultanée à la foi musulmane rétablit entre eux le lien du mariage. »

SECTION IV.

De la paternité et de la filiation.

Ce titre se divisera en plusieurs parties : la première comprendra la filiation des enfants légitimes ou nés dans le mariage, la seconde partie comprendra les droits et les devoirs des père et mère à l'égard de leurs enfants, enfin, la troisième indiquera les devoirs des enfants envers leur père et mère.

§ 1er.

L'enfant conçu pendant le mariage a pour père le mari (art. 312 du Code Napoléon). Néanmoins, celui-ci pourra désavouer l'enfant s'il prouve que, pendant le temps qui a couru depuis le sept cent vingtième jour jusqu'au cent quatre-vingtième avant la naissance de l'enfant, il était, soit pour cause d'éloignement, soit par l'effet de quelqu'accident, dans l'impossibilité physique de cohabiter avec sa femme.

Pour désavouer l'enfant, le mari est soumis aux formalités indiquées au paragraphe relatif à la dissolution du mariage pour cause d'anathèmes mutuels.

Certains jurisconsultes musulmans, notamment l'imam Malek, pensent et disent que le terme de la gestation peut s'étendre à cinq et même à sept années.

L'enfant qui nait dans le sixième mois est légitime; il en est de même de l'enfant dont une femme accoucherait avant le terme complet de deux ans, à compter du jour de sa viduité ou de sa répudiation, si durant tout ce temps elle n'a pas eu ses menstrues et si elle n'a pas déclaré formellement qu'elle était hors de son iddet.

Lorsqu'une veuve a déclaré qu'elle n'était pas enceinte, l'enfant dont elle est accouchée ne peut être attribué au défunt que s'il est né avant l'expiration du onzième mois, à compter du décès de l'époux.

Le mari peut, en alléguant son impuissance naturelle, désavouer l'enfant; il peut encore le désavouer en cas d'adultère (contrairement aux dispositions de l'art. 313 du Code Napoléon). Dans les divers cas où le mari est autorisé à réclamer, il doit le faire dans les sept jours de la naissance de l'enfant, s'il se trouve sur les lieux; dans les sept jours depuis son retour ou après qu'il a eu connaissance de la naissance, s'il était absent ou si on la lui avait dissimulée (art. 316 du Code Napoléon).

Le mari qui d'avance s'est occupé de préparatifs pour l'enfant ou pour les couches de la femme est déchu du droit de désavouer.

Le désaveu admis, l'enfant est réputé bâtard.

L'enfant né du commerce de deux personnes non unies par les liens du mariage est également réputé bâtard.

La filiation des enfants légitimes se prouve par la notoriété et par des témoignages qui constatent que le père n'a point désavoué.

§ 2.

Les soins de l'éducation physique sont

laissés au père ; l'éducation morale regarde
la mère. Tant que les enfants sont mineurs ,
le père peut en disposer à son gré ; il peut
les marier contre leur volonté ; lorsqu'ils sont
majeurs, le père ne peut les marier qu'avec
leur consentement. De même qu'il est maître
de la personne de ses enfants mineurs, le
père est maître de leurs biens ; il peut les
employer à l'acquittement de ses dettes per-
sonnelles (art. 384 du Code Napoléon). La
mère libre seule a le droit de garder, nourrir, entretenir et élever son enfant mâle ou
femelle.

Les parents de la femme morte succè-
dent à ce droit, à l'exclusion du père. En
cas d'extinction de la ligne maternelle, ce
droit passe au père et, après lui, aux parents de sa ligne.

L'enfant doit être élevé au domicile pater-
nel et ne peut être emmené hors le lieu de
sa naissance sans le consentement de son
père.

La femme répudiée conserve le droit d'élever ses filles et de voir ses fils.

La femme musulmane est libre de ne pas nourrir son enfant de son propre lait. Toutefois, c'est une obligation sacrée pour elle de l'allaiter lorsqu'elle ne veut ou ne peut prendre une nourrice, ou lorsque l'enfant éprouve de la répugnance pour un sein étranger.

§ 3.

L'enfant à tout âge doit honneur et respect à ses parents (art. 374 du Code Napoléon).

En cas d'éloignement, le fils doit visiter ses père et mère une fois au moins tous les sept ans.

L'enfant doit des aliments à ses père et mère et à ses autres parents, en ligne directe ascendante et descendante, qui se trouvent dans le besoin (art. 205 du Code Napoléon).

En cas d'absence, les parents indigents peuvent se faire autoriser par le juge à emprunter des fonds pour le compte de l'absent. Le père a même le droit de faire vendre ses meubles.

Les aliments ne sont dus et accordés que dans la proportion du besoin de celui qui les réclame et la fortune de celui qui les doit (art. 208 du Code Napoléon).

Section V.

Des tuteurs.

Le tuteur a sur son pupille l'autorité du père. Le tuteur peut épouser sa pupille mineure; dans ce cas, la pupille devenue majeure peut, si le mariage n'a point été *consommé*, en demander la rupture. Si la femme réclame contre l'union contractée, non par le père ou la mère, mais par le tuteur naturel, elle doit affirmer, par serment, qu'au moment où elle a éprouvé sa première incommodité périodique elle a protesté contre le mariage imposé par le tuteur.

Le majeur qui est en état habituel d'imbécillité, de démence ou de fureur reste sous l'autorité paternelle.

SECTION VI.

De l'adoption.

L'homme et la femme peuvent adopter des enfants de l'un et l'autre sexe. Pour que l'adoption soit possible, il faut que la naissance de l'adopté soit inconnue, que les adoptants aient l'un et l'autre l'âge nécessaire pour admettre, d'une manière naturelle, cette adoption filiale, enfin, que l'adopté consente, s'il est en âge de raison.

L'adoption impose aux père et mère adoptifs les devoirs paternels et maternels, et confère à l'adopté les droits des enfants.

Si, à la mort de l'adoptant, la mère de l'adopté prétend avoir été l'épouse du décédé, sa simple déclaration suffit pour lui donner droit à la légitimité ordinaire des veuves.

On peut avec le consentement d'un individu l'adopter *pour père*. L'adoptant, en ce cas, se soumet vis-à-vis de l'adopté aux devoirs qui incombent à l'enfant.

La loi admet même l'adoption collatérale à titre de frère, d'oncle, de cousin ou de neveu ; mais, dans ce cas, l'adopté ne peut exercer de droits sur la succession de l'adoptant qu'à défaut d'héritiers naturels et légitimes.

La loi autorise encore l'adoption patronale, qui consiste à se reconnaître l'esclave affranchi de la personne qu'on adopte pour son patron et qui lui donne droit à la succession de l'adoptant.

Cet acte, pour être valide, doit réunir les six conditions suivantes :

Il faut 1° que la naissance de l'adoptant soit inconnue ; 2° qu'il n'ait aucun héritier ; 3° qu'il ne soit pas Arabe ; 4° que les deux parties consentent ; 5° que l'adopté soit majeur et sain d'esprit ; s'il est mineur, il faut le consentement de son père ; enfin, qu'il assume la responsabilité civile qui incombe à tout patron.

TITRE IV.

DE L'INTERDICTION.

Les mineurs, les vieillards imbéciles, les insensés, les esclaves, les prodigues et les banqueroutiers sont ou peuvent être interdits.

Tout parent est recevable à provoquer l'interdiction de son parent.

Les interdits ne peuvent contracter, à moins qu'ils n'y soient expressément autorisés ; les esclaves doivent être assistés de leurs patrons; les mineurs et les vieillards de leurs tuteurs légitimes, et les autres d'un curateur désigné par le cadi.

Le curateur ne peut homologuer que les actes qui, d'après une saine appréciation, ne présentent rien de préjudiciable aux intérêts du pupille.

Tous les actes faits par des interdits sont nuls, à moins qu'il ne dût résulter de ces actes un avantage évident pour eux.

Les interdits ne peuvent servir de témoins ou ester en justice; le mineur et le vieillard tombés en enfance ne peuvent répudier leurs femmes ou affranchir leurs esclaves, même avec le consentement de leurs tuteurs. Le mineur, l'esclave et le banqueroutier sont en état d'interdiction légale. L'état d'interdiction des vieillards, des insensés et des prodigues doit être déclaré.

LIVRE II.

DES BIENS.

—◆—

TITRE PREMIER.

DE LA DISTINCTION DES BIENS & DES BIENS DANS LEUR RAPPORT AVEC CEUX QUI LES POSSÈDENT.

Tous les biens sont meubles ou immeubles (art. 516 du Code Napoléon).

Sont meubles par leur nature, les corps qui peuvent se transporter d'un lieu dans un autre, soit qu'ils se meuvent par eux-mêmes, comme les animaux, soit qu'ils ne puissent changer de place que par l'effet d'une force étrangère, comme les choses inanimées (art. 528 du Code Napoléon).

Sont meubles par la détermination de la loi, les obligations et actions qui ont pour objet des sommes exigibles ou des effets mobiliers (art. 529 du Code Napoléon).

Les particuliers ont la libre disposition des biens qui leur appartiennent, sous les modifications apportées par la loi.

Les biens qui n'appartiennent pas à des particuliers sont administrés et ne peuvent être aliénés que dans les formes et suivant les règles qui leur sont particulières (art. 537 du Code Napoléon).

Les chemins, routes et rues à la charge de l'état, les fleuves et rivières navigables ou flottables, les rivages, lais et relais de la mer, les ports des hàvres, les rades et généralement toutes les portions du territoire qui ne sont pas susceptibles d'une propriété privée, sont considérés comme des dépendances du domaine public (art. 538 du Code Napoléon).

Tous les biens vacants et sans maître, et ceux des personnes qui décèdent sans héritiers ou dont les successions sont abandonnées appartiennent au domaine public et sont régis par le beït-el-mal (art. 539 du Code Napoléon).

Les portes, murs, fossés, remparts des places de guerre et des forteresses, font aussi parties du domaine public (art. 540 du Code Napoléon).

Il en est de même des terrains, des fortifications et remparts des places, qui ne sont plus places de guerre; ils appartiennent à l'état, s'ils n'ont été valablement aliénés ou si la propriété n'en a pas été prescrite contre lui (art. 542 du Code Napoléon).

TITRE II.

DE LA PROPRIÉTÉ.

La propriété est le droit de jouir et disposer des choses de la manière la plus absolue, pourvu qu'on n'en fasse pas un usage prohibé par les lois ou par les règlements (art. 544 du Code Napoléon).

Le souverain a un droit absolu de confiscation sur les biens de ses sujets.

La propriété d'une chose, soit mobilière, soit immobilière, donne droit sur ce qu'elle produit et sur ce qui s'y unit accessoirement, soit naturellement, soit artificiellement (art. 546 du Code Napoléon).

Le prophète dit au verset 27, chapitre II (traduction du Coran par Kasimirski) : « C'est Dieu qui a créé pour vous tout ce qui est sur la terre.... » Plus loin : « Celui qui vivifie une terre morte en devient propriétaire. »

En vertu de ce texte, la loi reconnaît à tout homme le droit de s'emparer de toutes les choses, meubles et immeubles, vacantes et sans maître, *nullius in bonis*.

Ce droit est le droit du premier occupant.

L'abandon de la chose au premier occupant est nommé *ibah'a*. *Moubah* est le participe passif de ce verbe.

Ibah'a est donc ici une sorte de main-

levée du respect dû à la propriété de tel
bien ; main-levée résultant de l'abandon
qu'en a fait le propriétaire, soit à telle personne ou classe déterminée, ce qui n'est
qu'une espèce de donation, soit au premier
occupant, quel qu'il soit et sans aucune
désignation.

Parmi les choses moubah on distingue
trois classes :

Celles qui n'ont jamais été la propriété de
l'homme ; celles qui, après l'avoir été, ont
cessé ou peuvent avoir cessé de l'être pour
revenir moubah ; enfin, par exception fon-
dée sur le texte formel de plusieurs versets
du Coran, on doit ranger parmi les choses
moubah les biens et même les personnes des
infidèles *h'arbi*.

Sont moubah, tous les animaux qui n'ont
pas encore perdu leur liberté originelle,
quadrupèdes, oiseaux, reptiles, etc.

L'herbe poussée naturellement, sans les
soins de personne et même dans le terrain

d'autrui, ne peut être disputée à celui qui s'en sera emparé le premier; qu'elle soit encore à l'état d'herbe ou passée à l'état de fourrage, elle devient propriété de celui qui l'a coupée, recueillie, quand même elle serait la propriété d'autrui; cette dernière règle est également applicable à l'eau.

Comme tout propriétaire peut disposer de son bien, il paraît évident que s'il y a renoncé de manière que, aux yeux de la loi, la chose soit *pro derelicto habita*, elle sera moubah.

Mais la loi de l'islamisme reconnaît une autre renonciation, celle ou les choses sont *pro derelicto habitæ*, sans que cependant aux yeux de la loi elles redeviennent moubah, c'est la renonciation en faveur des pauvres, des voyageurs, des orphelins, des hôpitaux, écoles, fontaines publiques, mosquées, etc. (Du Caurroy, *Journal asiatique;* mois de juillet 1848).

Cette renonciation rend le bien habous ou wackff (1).

Le habous est donc (en prenant le mot habous pour exprimer, soit l'action d'immobiliser, soit la chose immobilisée) l'affectation d'un bien mobilier ou immobilier à un usage pieux ou d'utilité publique.

Le habous est légal ou conventionnel.

Le habous légal est celui qui frappe tout territoire conquis par les armes musulmanes. Le sol de ce terrain est immobilisé au profit de la communauté mahométane et rendu inaliénable. Le souverain le concède moyennant une redevance annuelle; cette concession est révocable en cas de non paiement pendant plus de trois ans.

Le habous conventionnel est celui que le propriétaire définitif, et sans restriction,

---

(1) M. Devoulx, conservateur des archives arabes de la direction du domaine à Alger, dans des articles publiés récemment, expose les principes dont nous donnons ici l'extrait.

d'un immeuble, institue de son plein gré.

L'effet du habous est d'immobiliser la propriété entre les mains du fondateur et de sa descendance, si la fondation est conditionnelle; ou entre les mains de la corporation donataire, si la fondation est suivie d'un délaissement immédiat. Dans le cas où la fondation est considérable, l'objet immobilisé ne reçoit réellement son affectation pieuse que le jour où il fait retour à sa destination définitive par suite de l'extinction de la race appelée à la recueillir; jusque là, il ne profite qu'aux personnes que le fondateur a désignées pour lui succéder dans la jouissance des revenus avant le retour à une corporation.

Il existe en Algérie une quantité considérable de fondations de habous, et presque toutes sont conditionnelles. M. Devoulx (1)

(1) Voir les excellents articles publiés par la *Revue de Jurisprudence algérienne*, mois de février, mars et avril 1853.

pense que la principale cause de cet empres-
sement d'immobiliser était le désir de se
soustraire à la rigueur des lois sur les successions.

« En effet, dit-il, l'exécution du partage
ordonné par le Coran laisse souvent disponible une certaine quotité de l'héritage. L'emploi de cette portion donne lieu à l'une des
principales divergences qui existent entre le
rite maleki et le rite hanefi. L'iman Malek
attribue cette portion au trésor de l'état
(beït-el-mal), et l'imam Abou-Hanifa or-
donne de la distribuer aux ayants-droit, au
prorata de la part que leur assigne la loi. »

D'après le rite hanefi, le constituant habous a le droit de réserver la jouissance
pour lui-même, sa postérité ou quelques-
uns de ses parents, dans un ordre déterminé. (De Ponton d'Amecourt, *Opinion sur
l'aliénabilité des biens habous;* Nancy, 1842.)

Le bien est melk ou habous. Nous venons
de dire ce qu'on entend par bien grevé d'ha-

bous. Le bien melk est celui dont la nue propriété et la jouissance gisent dans les mêmes mains.

« Lorsqu'un terrain est la propriété d'un musulman, il ne peut devenir *méouat* (ou mort, vague, terre vaine), ni par conséquent moubah, quand même il se serait écoulé des siècles.

» Celui qui vivifie un terrain méouat en a la propriété civile, pourvu qu'il en ait la permission, sinon non; » telle est la doctrine de Bou-Hanifa.

Malek, lui, décide qu'il n'a besoin de permission qu'autant que la terre méouat est voisine d'un lieu habité, et alors il faut la permission des habitants voisins. (Du Caurroy, *Journal asiatique;* mois de juillet 1848.)

Les fruits naturels ou industriels de la terre, les fruits civils, le croît des animaux appartiennent au propriétaire par droit d'accession.

La possession fait les fruits siens, lorsque personne ne les réclame.

La propriété du sol emporte la propriété du dessus et du dessous. Le propriétaire peut faire au-dessus toutes les plantations et constructions qu'il juge à propos (art. 552 du Code Napoléon).

Toutes constructions, plantations et ouvrages sur un terrain ou dans l'intérieur sont présumés faits par le propriétaire à ses frais et lui appartenir si le contraire n'est pas prouvé, sans préjudice de la propriété qu'un tiers pourrait avoir acquise ou pourrait acquérir par prescription, soit d'un souterrain sous le bâtiment d'autrui, soit de toute autre partie du bâtiment (art. 553 du Code Napoléon).

Les attérissements et accroissements qui se forment successivement et imperceptiblement aux fonds riverains d'un fleuve ou d'une rivière profitent au propriétaire riverain.

Il en est de même des relais que forme l'eau courante qui se retire insensiblement de l'une des rives en se portant sur l'autre. Le propriétaire de la rive découverte profite de l'alluvion, sans que le riverain du côté opposé y puisse venir réclamer le terrain qu'il a perdu (art. 557 du Code Napoléon).

TITRE III.

DES SERVITUDES.

La vie intérieure d'un Musulman doit être à l'abri de toute curiosité, de toute indiscrétion; aussi, dans chaque ville, l'autorité supérieure fixe, d'après la disposition du sol, l'élévation des habitations.

Les ruisseaux, les fontaines, les puits, les bassins qui sont des propriétés particulières doivent au besoin être mis à l'usage du public, surtout lorsqu'il y a disette d'eau dans la localité ou dans les environs.

Le khalifa Omar a décidé qu'en cas de refus de la part du propriétaire on pouvait, en temps de sécheresse, le contraindre, même *manu militari*, à laisser puiser à la source.

Le propriétaire d'une source n'est tenu de fournir de l'eau qu'autant qu'il en a à sa disposition plus qu'il ne lui en faut pour suffire aux besoins de sa famille pendant un jour.

Le voisinage ou la longue jouissance d'une eau quelconque donne le droit exclusif d'en faire usage.

Ce droit devient héréditaire dans la famille du possesseur, sans qu'il ait pourtant celui d'en disposer ou de l'affermer.

Tous les dégâts causés par le cours *naturel* de l'eau d'un voisin ne donnent pas le droit de réclamer une indemnité. Nous disons le cours naturel, car si les dégâts étaient causés par la faute ou l'imprudence du voisin, ce dernier devrait réparation du préjudice causé par son fait.

Personne ne doit détourner et amener dans son terrain le cours d'une eau vive appartenant à son voisin. Lorsqu'il s'agit de partager une masse d'eau entre plusieurs propriétaires, leurs parts doivent être en raison de l'étendue de leurs terres. Mais si l'eau n'est destinée qu'à l'usage personnel, elle doit être également répartie.

Lorsqu'un ruisseau commun ne fournit pas de l'eau en quantité suffisante, les voisins doivent s'entendre pour en faire usage à tour de rôle.

Dans ce cas, le propriétaire du terrain inférieur doit en jouir le premier et les autres successivement en remontant vers la source.

Aucun des voisins n'a le droit d'établir sur un cours d'eau des moulins ou des ponts, à moins qu'il n'ait obtenu le consentement des autres intéressés.

Toutes les dépenses relatives à des eaux particulières sont faites par les propriétaires.

Lorsqu'il s'agit d'une eau commune, la réparation partielle est à la charge du propriétaire qui reconnaît cette réparation utile à son intérêt.

Certains imams, et notamment Malek, décident, dans ce dernier cas, que les répations doivent être à la charge de tous les propriétaires.

LIVRE III.

DES DIFFÉRENTES MANIÈRES DONT ON ACQUIERT LA PROPRIÉTÉ.

⸺◆♦♦◆⸺

Dispositions générales.

La propriété des biens s'acquiert et se transmet par succession, par donation entre vifs ou testamentaire et par l'effet des obligations (art. 711 du Code Napoléon).

La propriété s'acquiert aussi par accession ou incorporation et par prescription (art. 712 du Code Napoléon).

Les biens qui n'ont pas de maîtres appartiennent à l'état (art. 713 du Code Napoléon).

« La propriété d'un trésor découvert dans un fonds appartient, dit Chems-el-Eïmeh, au plus ancien propriétaire connu depuis la

conquête des musulmans. » Abou-Leïs veut,
au contraire, qu'il soit remis au beït-el-mal.

Les choses trouvées doivent être remises
à leurs propriétaires; dans le cas où, après
de nombreuses publications, les propriétaires seraient restés inconnus, elles doivent
être remises au beït-el-mal.

Un individu achète un poisson; après
l'avoir ouvert il trouve dans son corps une
perle; cet objet est classé parmi les objets
trouvés, partant, il doit être remis, si le
propriétaire est resté inconnu, au beït-el-
mal.

Sidi K'helil pense que « si la perle est per-
cée, elle doit être remise aux vendeurs suc-
cessifs, jusqu'à ce que l'un d'eux se déclare
propriétaire. Si le premier vendeur, auquel
la perle est revenue par les remises succes-
sives, déclare qu'elle ne lui appartient pas,
elle doit être versée dans les caisses de l'état. »

Tout individu qui revendique un objet
trouvé en mains étrangères doit, après

avoir fait la preuve de sa propriété, affirmer sous serment qu'il n'a pas aliéné ses droits de propriété.

TITRE PREMIER.

DES SUCCESSIONS.

SECTION PREMIÈRE.

Des qualités requises pour succéder.

« Il est écrit qu'en mourant vous laisserez vos biens par testament à vos enfants et à vos proches, avec l'équité que doivent avoir ceux qui craignent le Seigneur.

» Celui qui changera la disposition du testateur, après l'avoir entendue, sera coupable d'un crime.

» Celui qui, craignant une erreur ou une injustice de la part du testateur, aura réglé les droits des héritiers avec justice ne sera point coupable. Dieu est clément et miséricordieux.

» Lorsqu'on sera rassemblé pour partager l'héritage, que l'on ait soin d'entretenir les parents pauvres et les orphelins, et de les consoler par des paroles d'humanité.

» ... Dieu vous commande, dans le partage de vos biens entre vos enfants, de donner aux mâles une portion double de celle des filles. S'il n'y a que des filles et qu'elles soient plus de deux, elles auront les deux tiers de la succession ; s'il n'y en a qu'une, elle en recevra la moitié. Si le défunt n'a laissé qu'un fils, ses parents prendront un sixième. Si le défunt n'a point laissé d'enfants et que ses parents soient héritiers, la mère aura un tiers de la succession, et un sixième seulement s'il a des frères, après que l'on aura acquitté les legs et les dettes du testateur.

» ... Vous ne savez qui de vos pères ou de vos enfants vous sont plus utiles.

» ... La moitié des biens d'une femme morte sans postérité appartient au mari et le quart si elle a des enfants, les legs et les dettes prélevés......

» ... Les femmes auront un quart de la succession des maris morts sans enfants, et un huitième seulement s'ils en ont laissé, les legs et les dettes prélevés.

» ... Si l'héritier constitué d'un parent éloigné a un frère ou une sœur, il leur doit un sixième de la succession. Ils recevront un tiers s'ils sont plusieurs, après l'accomplissement légitime des legs et des dettes.

» ... La sœur d'un homme mort sans enfants aura la moitié de son héritage. Le frère héritera de la sœur morte sans enfants. Si le défunt a deux sœurs, elles partageront les deux tiers de la succession. S'il a laissé des frères et des sœurs, les mâles auront le double de ce qu'on donnera aux filles.....

» ... Ceux qui laisseront des épouses en mourant leur assigneront un legs comme l'entretien pendant une année et un asile dans leur maison. Si elles sortent d'elles-mêmes, les héritiers ne seront point responsables de ce qu'elles feront avec décence....

» ... O croyants ! lorsqu'au lit de la mort vous ferez votre testament, appelez pour témoins deux hommes équitables d'entre vous. Si quelque accident mortel vous surprenait en voyage, vous pouvez vous servir d'étrangers. Vous les tiendrez sous votre garde et, après avoir fait la prière, si vous doutez de leur foi, vous leur ferez prêter ce serment devant Dieu : Nous ne recevrons point d'argent pour témoigner, pas même d'un parent; nous ne cacherons point notre témoignage, car nous serions criminels.

» ... S'il était évident que les deux témoins eussent prévariqué, on en choisirait deux autres parmi les parents du testateur. Ils jureront, à la face du ciel, que leur témoignage est véritable et que s'ils sont parjures ils seront au nombre des réprouvés.

» Ils prêteront témoignage en présence des premiers témoins, afin qu'ils puissent craindre d'être contredits. » (Extraits du Coran, traduction de SAVARY.)

Tout musulman a le droit de transmettre sa succession à ses héritiers.

Tout homme a le droit d'hériter de ses proches, à moins d'empêchement légal, tel que l'état de servitude, le meurtre, la différence de religion et de pays.

Les bâtards et les enfants méconnus par le mari à la suite des formalités du double anathème sont exclus de tout droit d'hérédité. Ils ne peuvent hériter que de leur mère; de même que leur mère a seule droit à leur succession, droit qu'elle transmet en mourant aux plus proches de ses héritiers légitimes.

Pour pouvoir succéder à quelqu'un, il faut exister au moment de l'ouverture de la succession.

La règle *qui in utero est, pro jam nato habetur* (1. 231 ff. *de verb. signific.*) est observée par les musulmans.

Lorsqu'à la mort du mari une des femmes se trouve enceinte, on doit prélever provisoirement sur la succession de l'époux la part d'un enfant mâle.

Plusieurs commentateurs, au nombre desquels se trouve l'imam Ebu-Yousef, prétendent qu'il faut garder une double part, vu la possibilité de la naissance de deux jumeaux.

L'enfant est réputé né-vivant lorsqu'il meurt ayant plus de la moitié du corps hors du sein de sa mère.

Les successions sont transmises par la force de la loi et par la volonté de l'homme.

La mort presque simultanée de plusieurs individus d'une même famille ne saurait faire tort aux droits de ceux d'entre eux qui n'auraient survécu aux autres que de quelques instants.

Mais, si plusieurs personnes périssent dans un même évènement, comme il est impossible de fixer laquelle de ces personnes a succédé aux autres, la succession de chacune d'elles doit être dévolue à ses plus proches parents.

La représentation n'est pas même admise en ligne directe, les descendants d'un enfant prédécédé ne pouvant plus concourir avec les autres enfants du défunt et n'héritant qu'à leur défaut.

Comme correctif de cette prohibition, la loi accorde à tout musulman le droit de disposer par legs du tiers de sa fortune.

Le droit de déshériter n'existe pas chez les mahométans.

Lorsqu'un chef de famille meurt, le juge fait apposer les scellés sur la maison ; si les héritiers s'entendent amiablement, ils requièrent la levée des scellés, qui est faite moyennant une redevance ; s'ils ne peuvent s'entendre, le partage se fait en justice.

Le grand principe des successions musulmanes est celui-ci :

Les hommes prennent sur les biens melks une part double de celle des femmes. Les biens wacfs sont les seuls qui admettent l'égalité de partage entre les deux sexes ;

mais ils ne passent qu'aux enfants du défunt.

Celui qui n'a ni héritier naturel, ni patron est maître de disposer de son bien en faveur de qui bon lui semble, soit en le reconnaissant fictivement pour son patron, soit en l'adoptant pour son enfant ou son proche parent, soit enfin en le nommant son légataire universel ; à défaut de dispositions formelles, la succession est acquise à l'état.

« Les héritiers, dit Mouradgean-d'Hosson, se divisent en dix classes. La première classe comprend les héritiers légitimaires ; les suivantes s'occupent des héritiers universels ou à titre universel. »

Nous allons examiner ces différentes classes avec l'auteur que nous venons de citer.

1ᵉ CLASSE. — *Héritiers légitimaires.* — Lorsqu'il y a une postérité mâle, fils, petit-fils, arrière-petit-fils, etc., de la ligne masculine, les héritiers légitimaires sont :

1° Le père, qui a pour légitime un sixième de la succession ; à son défaut, il est représenté par l'aïeul ou le bisaïeul de sa ligne ;

2° La mère, qui a pour légitime un sixième ; à défaut de la mère, ses droits se transmettent à l'aïeule ou à la bisaïeule ;

3° Le conjoint survivant ; le mari prend un quart, la femme un huitième ; s'il y a plusieurs femmes, ce huitième est partagé entre elles.

Si le défunt ne laisse que des filles ou petites-filles, elles ont droit dans les proportions suivantes :

La fille seule prend moitié ; plusieurs filles prennent et se partagent les deux tiers.

A défaut de filles, les petites-filles partagent dans les mêmes proportions.

Si le défunt ne laisse qu'une fille, les filles des filles prédécédées ont droit à un sixième, quel que soit leur nombre.

Si le défunt laisse plus d'une fille, les petites-filles perdent tous leurs droits.

La légitime du conjoint survivant est augmentée lorsque le défunt n'a laissé aucune postérité, soit mâle, soit femelle; dans ce cas, elle est portée à la moitié pour le mari et au quart pour la femme.

Dans ce cas encore, la mère a droit à un tiers s'il n'existe qu'un frère ou une sœur, soit germain, soit consanguin; soit utérin.

Lorsque le défunt ne laisse ni descendants d'aucun sexe, ni ascendants de la ligne masculine, la loi admet encore, dans cette classe d'héritiers légitimaires, les collatéraux suivants :

Le frère (ou la sœur) utérin prend un sixième; s'ils sont deux ou plusieurs, ils prennent un tiers, à partager par tête. (Cela a même lieu lorsqu'il y a un frère et une sœur utérins.)

A défaut aussi de frères germains, on admet encore dans la même classe la sœur germaine, qui prend la moitié; s'il y en a plusieurs, elles prennent et partagent par tête les deux tiers.

Enfin, à défaut de sœurs germaines ou de frères consanguins, on y admet encore la sœur consanguine, qui prend la moitié; s'il y en a deux ou plusieurs, elles prennent et partagent par tête les deux tiers.

Dans le cas où il n'y aurait qu'une sœur germaine, la sœur consanguine prendrait un sixième; mais s'il y en avait deux ou plusieurs, cette dernière serait exclue de l'hérédité.

2me CLASSE. — *Héritiers universels.* — Tous les héritiers naturels en ligne masculine sont compris dans cette classe. Ils se divisent en une infinité de branches, dont les plus proches excluent absolument les autres, dans l'ordre suivant.

Les héritiers universels sont :

Les descendants mâles, tels que les fils, petits-fils, à défaut du fils; arrières-petits-fils ;

Les ascendants mâles, tels que père, aïeul, bisaïeul ;

Les collatéraux directs, frères germains, leurs enfants ; frères consanguins, leurs enfants ;

Les collatéraux indirects, oncles germains et consanguins, leurs enfants ; oncles germains et consanguins du père, leurs enfants ; oncles germains et consanguins de l'aïeul, leurs enfants.

Les filles, les petites-filles en ligne masculine, les sœurs germaines et les sœurs consanguines, outre le droit qu'elles ont de participer avec leurs frères à la qualité d'héritiers universels, jouissent encore de celui de recueillir, elles seules, le reste de la succession, lorsqu'il n'existe aucun héritier mâle de cette deuxième classe, avec cette différence, cependant, que, en cas de coexistence de filles ou de petites-filles avec des sœurs germaines ou consanguines, celles-là s'en tiennent à leur légitime, qui consiste dans la moitié ou les deux tiers de la succession, suivant leur nombre ; et, après avoir prélevé cette part et celle des autres héritiers légitimaires, le reste est dévolu aux sœurs, à titre d'héritières universelles.

3ᵐᵒ CLASSE. — Est rangé dans cette classe le patron effectif du mort supposé affranchi absolu.

4ᵐᵉ CLASSE. — A défaut du patron effectif, ses droits d'hérédité sur l'esclave, à qui il avait accordé un affranchissement absolu, se transmettent aux plus proches de ses héritiers mâles et universels, dans l'ordre indiqué à la deuxième classe ci-dessus ; ici les héritiers légitimaires n'ayant aucun droit, excepté le père seul, qui conserve toujours sa légitime d'un sixième sur le montant net de la succession de l'affranchi de son fils.

5me CLASSE. — Sont compris dans cette classe : 1° la mère et, à son défaut, l'aïeule, la bisaïeule, etc., de l'une et de l'autre ligne ; 2° le frère utérin ; 3° la sœur utérine. D'héritiers légitimaires, ils deviennent tous également héritiers universels.

6me CLASSE. — Cette classe comprend tous les héritiers du sang de la ligne féminine. Ils sont divisés en quatre parties et subdivisés en plusieurs branches, dont les plus proches excluent toujours les autres, dans l'ordre suivant :

1° Les petits-fils et les petites-filles, et leurs descendants à l'infini ;

2° Le père de la grand'mère paternelle et la mère du grand-père maternel, après eux leurs ascendants ;

3° Les neveux et nièces, c'est-à-dire les enfants de la sœur, soit germaine, soit consanguine, soit utérine, indistinctement, leurs enfants, etc. ;

Les nièces par mâle, c'est-à-dire les filles
des frères germains, consanguins ou utérins
indistinctement et leurs enfants;

Les neveux utérins, c'est-à-dire les enfants mâles du frère utérin ;

4° Les tantes paternelles germaines, consanguines ou utérines, et leurs enfants dans
le même ordre ;

Les oncles maternels et leurs enfants ;

Les tantes maternelles et leurs enfants ;

Les oncles et les tantes paternels utérins
et leurs enfants.

7ᵐᵉ Classe. — Est rangé dans cette classe,
le patron adoptif du mort, qui, inconnu de
lignée et manquant d'héritiers des cinq classes ci-dessus, aurait de son vivant déclaré
formellement être l'affranchi de ce patron,
en le reconnaissant et l'adoptant à ce titre
pour son héritier universel, quel que soit au
reste le sexe de l'un et de l'autre.

8me Classe. — L'héritier adoptif du mort.

9me Classe. — Fait partie de cette classe, le légataire universel à qui le mort, manquant absolument d'héritiers légitimes, aurait légué et laissé tout son bien ; droit que l'on peut exercer en faveur de toute personne et même du conjoint survivant.

10° Classe. — Enfin, le fisc ou domaine de l'état, représenté par le beït-el-mal, forme cette classe. L'état ne recueille la succession qu'à défaut d'aucun héritier des neuf classes ci-dessus. (D'Hosson, 5me vol., page 283, tableau synoptique.)

Le beït-el-mal ou trésor public, en pays musulman, a quelque analogie avec l'administration des domaines en France. Le chef du beït-el-mal ou beït-el-madji est nommé par le souverain et a dans ses attributions le soin de tout ce qui concerne les opérations matérielles relatives aux successions ; il fait apposer les scellés, dresser l'inventaire, procéder aux ventes; il homologue, etc., etc. (V. Perron; notes.)

Souvent le beït-el-madji joint ses scellés à ceux du juge, sous prétexte qu'il ignore s'il existe des héritiers du défunt, et il se fait payer chèrement la levée de ce sequestre.

SECTION II.

Du partage des successions.

D'après les bases ci-dessus établies, le partage est fait par le cadi, en présence des héritiers ou eux dûment représentés (1).

Toute personne, même parente du dé-

(1) Nous croyons utile d'indiquer ici l'ordre des successions israélites.

D'après la Mischna, tout-à-fait conforme au Pentateuque, voici l'ordre des successions :

Si quelqu'un meurt sans fils, il transporte son héritage à sa fille.

funt, qui n'est pas son successeur, et à laquelle un cohéritier aurait cédé son droit à
la succession, peut être écartée du partage,
soit par tous les cohéritiers, soit par un

Le fils et tous ceux qui naissent de lui passent avant la
fille; la fille et tous ceux qui naissent de la fille passent
avant les frères.

Les frères et tous ceux qui naissent des frères passent
avant les oncles; ainsi, quant au droit de succéder, les
enfants ont, par représentation, le rang de leur père.
(Mischna, *Codex tertius de damnis*, art. 2; Surenhusius,
t. 4 , p. 100.)

Le fils aîné, comme chef de la famille, reçoit deux parts ;
si les filles héritent, il n'y a pas pour elles de droit d'aînesse,
car elles ne sont point chefs de famille.

Dans le cas où les fils excluent les filles de l'héritage, il
faut toujours que la partie féminine de la famille soit nourrie.

Si les biens laissés par le père sont très-modiques, les filles
ont toujours droit à des aliments (parce que la pauvreté de
la femme est toujours une cause de mal), et les fils men-
dient.

La loi de Moïse ne souffre pas que la volonté du mourant
dérange l'ordre établi. Toutes dispositions testamentaires
sont nulles ; la donation manuelle est le seul moyen d'éluder
les règles divines.

Dans la succession, les biens paternels sont soigneusement

seul, en lui remboursant le prix de la cession. (Droit de cheffa. Retrait successoral.
Art. 841 du Code Napoléon.)

Cette faculté de rachat existe, non-seule-

distingués des biens maternels ; tous les fils d'un homme ont
droit à l'héritage de leur père, avec double part pour l'aîné.

Les fils de chaque femme ont part aux biens de leur mère
après sa mort, sans privilége pour l'aînesse ; la double part
n'étant jamais attribuée qu'au chef de la famille mâle, à
celui qui doit la perpétuer.

RAPPORTS. — Entre les frères, l'égalité voulue par la loi
s'établit comme dans la loi française par des rapports. Toutes les donations faites par le père pour le mariage d'un de
ses enfants doivent être rapportées. Si le nouveau marié a
reçu, à l'occasion de la noce, des choses qui se consomment
ou qui se détériorent et s'éteignent par l'usage, il n'en doit
pas le rapport (art. 852 du Code Napoléon).

A la mort du mari, la veuve prend son douaire ; mais elle
le perd si son mari lui fait quelque avantage que ce soit dans
la succession (Mischna, Surenhusius, t. 1, page 48).

Si la femme est nommée administrateur provisoire de la
succession, titre déféré souvent à sa qualité de mère, les
héritiers lui font jurer qu'elle ne fera pas de détournement.

Si un homme meurt en laissant deux femmes, celle qu'il
a épousée la première exerce la première ses reprises.

Si les deux femmes sont mortes et si leurs héritiers se pré-

ment en faveur des cohéritiers, mais encore,
en cas de vente, en faveur des copropriétaires, et même en faveur des propriétaires
voisins de l'immeuble vendu.

sentent, on examine la valeur de la succession; s'il s'y trouve
un denier de plus que les deux reprises à faire, toutes deux
sont rendues dans leur intégrité ; s'il s'y trouve un denier de
moins, on ne restitue pas à chaque héritier au prorata de
ses droits, on partage entre eux par moitié.

Les biens doivent être estimés dans la maison de justice,
sous la surveillance de trois juges, qui ne tiennent compte
que des biens présents et non engagés.

La femme a droit au logement, à l'entretien et à la nourriture, tant que, n'ayant pas quitté l'ancien domicile conjugal, elle n'a point encore reçu des héritiers le montant de
ses reprises.

Le droit de réclamer ses reprises est imprescriptible pour
la femme qui n'a point quitté le domicile de son mari. Ce
droit se prescrit par vingt-quatre ans lorsque la femme a
quitté l'ancien domicile conjugal.

Quand la veuve meurt, son douaire, suivant l'école d'Hil-
let, appartient aux héritiers de son mari ; les biens qui lui
sont échus depuis la dissolution de son mariage appartiennent aux héritiers de son père. (Extrait de Victor HENNE-
QUIN , *Introduction historique à l'étude de la législation française*, les Juifs, t. 11, p. 375 à 383.)

Ceux qui sont admis à exercer le droit de préférence sur tous autres acquéreurs doivent affirmer sous serment qu'ils n'ont jamais renoncé à ce droit en faveur de personne.

Un individu qui prétend à une créance sur une succession doit, après avoir prouvé ses droits, affirmer sous serment qu'il ne les a aliénés, ni en faveur du défunt, ni en faveur de personne autre et qu'il les a conservés dans toute leur intégralité.

Chaque héritier doit faire rapport à la masse de la succession des objets qu'il a reçus du défunt, afin que le tout soit partagé entre les cohéritiers. Ce rapport a pour but de maintenir entre les héritiers l'égalité de partage.

TITRE II.

DES DONATIONS ENTRE VIFS ET DES TESTAMENTS.

SECTION PREMIÈRE.

De la capacité de disposer ou de recevoir par donation entre vifs ou par testament.

Tout musulman peut disposer de tout ou partie de sa fortune par donation entre vifs ou par testament.

La réunion de trois conditions est nécessaire à la validité des donations entre vifs; il faut 1° un objet, 2° la volonté du donateur, 3° l'acceptation de la donation par le donataire.

Pour faire une donation entre vifs, il faut être majeur et sain d'esprit; la femme mariée ne peut donner son bien sans l'assistance et l'autorisation de son mari.

Les libéralités par acte entre vifs peuvent comprendre la totalité des biens du disposant.

La donation ne peut être conditionnelle; elle n'admet ni exception, ni condition, ni détermination de temps pour opérer son effet.

Le copropriétaire d'un objet qui ne peut être partagé est libre d'en faire donation, à charge par lui de rembourser les copropriétaires de la valeur qui leur appartient sur l'objet commun.

Une donation faite à plusieurs personnes n'est valable qu'autant que la part de chacune de ces personnes est déterminée.

La donation entre vifs est toujours révocable. Il est, cependant, des circonstances qui font évanouir le droit de révocation; ces circonstances sont : 1° la mort du donateur ou du donataire, 2° la disposition de l'objet donné qui ne serait plus au pouvoir du donataire, 3° la perte totale de l'objet donné,

4° le mariage entre le donateur et le donataire (le donateur étant la femme), 5° enfin
toute impense ou amélioration de l'objet.

Le testament est un acte par lequel le
testateur dispose, pour le temps où il n'exis-
tera plus, d'une partie de son bien et qu'il
peut révoquer (art. 895 du Code Napoléon).

La quotité dont un musulman peut disposer par testament est du tiers de la succession.

Si le testateur a légué plus du tiers, le
legs est caduc pour toute la partie qui excède
la part ci-dessus fixée, à moins, toutefois,
que les héritiers ne consentent à respecter
la volonté du testateur.

Il n'est qu'un seul cas où il soit permis de
léguer toute sa fortune : c'est lorsque le testateur n'a aucun parent ou héritier légitime.

Il est néanmoins toujours possible d'éluder les dispositions de la loi qui empêchent
un individu de disposer de son bien par testament.

Le testateur n'a qu'à se constituer et reconnaître débiteur de la personne en faveur de laquelle il veut disposer. La qualité de créancier est tellement respectée, que cette personne viendra prélever le montant de sa prétendue créance même avant les héritiers légitimes.

Pour qu'un testament soit valable, il faut :

1° Que le testateur ait eu le droit de tester, c'est-à-dire qu'il ait été majeur, sain d'esprit et de condition libre ;

2° Que le testateur ait eu la propriété de la chose léguée ;

3° Que le légataire ne soit pas le parent ou l'allié à un degré successible du testateur; la loi veut prévenir la réunion sur une seule tète de la double qualité d'héritier et de légataire ;

4° L'existence réelle du légataire au moment du décès du testateur (art. 906 du Code Napoléon) ;

5° Enfin l'acceptation du légataire, acceptation qui doit être faite aussitôt après la mort du testateur.

Le légataire qui s'est rendu coupable de meurtre ou de tentative de meurtre sur la personne du testateur est déchu de tous droits.

Le légataire ne peut céder son legs à un tiers que du consentement formel du testateur.

Si un homme, après avoir disposé par testament de la quotité disponible au profit d'un individu, vient à disposer de la même manière et du même objet au profit d'une seconde personne, le premier donateur est déchu, et ses droits ne revivent qu'en cas de prédécès du second donataire.

Nous avons dit plus haut que la quotité dont le testateur pouvait disposer ne pouvait excéder le tiers de la succession. Le testateur doit spécifier clairement la nature et la quotité du legs. Si, au lieu d'employer ces mots : *Je donne à A tout ce dont la loi me per-*

met de disposer, il dit simplement : *Je donne
à A une partie de ce que la loi m'autorise à
léguer*, le légataire ne peut réclamer plus du
sixième de la succession ; enfin, si le testateur a dit : *Je te laisse une petite portion de ce
que la loi m'autorise à te donner*, les héritiers restent maîtres de déterminer eux-mêmes la valeur du legs.

Les droits des légataires priment ceux des
héritiers, et si, par suite d'un évènement,
une partie de la succession vient à périr, le
légataire prend, non pas le tiers de ce qui
reste, mais le tiers calculé sur la valeur entière de la succession avant l'évènement.

Lorsque le testateur à légué un objet in-
divisible, cet objet appartient en entier au
légataire.

Si un même objet a été légué à deux personnes, la part du prémourant est acquise à
son colégataire.

Enfin, dans le cas où, sans désigner no-
minativement ses légataires, le testateur

laisse la quotité disponible à une branche, soit de sa famille, soit d'une famille étrangère, l'ordre des successions est suivi, quant au partage, entre les personnes qui composent la branche légataire.

Les musulmans établissent une singulière distinction entre la donation testamentaire faite par un homme bien portant et celle faite par un homme malade.

Si le testateur était malade au moment de la donation testamentaire, le légataire n'a droit qu'au tiers de l'objet légué.

La preuve testimoniale est toujours admise pour établir, soit la donation entre vifs, soit la donation testamentaire. Les passages du Coran que nous avons rapportés indiquent les règles à suivre pour établir la preuve de ces sortes de libéralités.

Section II.

Des tuteurs ou exécuteurs testamentaires.

Le testateur ne peut nommer un tuteur ou exécuteur testamentaire qu'autant qu'il n'a ni enfant, ni père, ni grand-père, ni héritiers collatéraux dans sa ligne.

L'enfant aîné du défunt est de droit exécuteur et tuteur testamentaire; en cas de minorité de tous les enfants, ce droit revient au père ou au grand-père du défunt; à leur défaut, au plus âgé des héritiers collatéraux de la ligne masculine.

Quels que soient la condition, l'état, le caractère du tuteur testamentaire nommé par le défunt, la désignation faite par ce dernier emporte pour la personne qui en a été l'objet le droit d'accepter ou de refuser les fonctions qui lui ont été déférées.

Le tuteur ne peut, sous aucun prétexte,

refuser après avoir accepté, à moins que ce ne soit du vivant du testateur.

Il peut au contraire, tant que son refus n'a pas été constaté dans un acte, accepter après avoir refusé.

La preuve de la nomination du tuteur ou exécuteur testamentaire se fait par témoins.

Les enfants du défunt peuvent être entendus et acceptés.

Ce cas est le seul où la déposition d'enfants en faveur de leur père est recevable en justice.

Les tuteurs testamentaires doivent veiller à l'exécution des dernières volontés du défunt, et ils ne peuvent procéder à l'inventaire et au partage qu'en présence de tous les héritiers majeurs.

Le tuteur datif peut en mourant désigner celui qui le remplace dans l'exécution du mandat qui lui avait été confié, à moins que le défunt n'ait prévu le cas et n'ait désigné lui-même son successeur.

Le tuteur testamentaire n'est jamais responsable des pertes survenues à l'héritage
qui lui a été confié, à moins qu'il ne soit
prouvé que la perte a été causée par sa faute
ou par sa négligence.

Si le testateur n'a pas nommé d'exécuteur
testamentaire, le juge doit y pourvoir en
vertu de sa tutelle publique.

Le cadi est toujours le contrôleur légal
des actes du tuteur datif; dans le cas où il
y aurait deux tuteurs ou exécuteurs testamentaires, leur concours est nécessaire pour
la validité des actes de tutelle.

Les frais faits pour l'administration de la
succession sont à la charge de la masse
active.

TITRE III.

DE LA VENTE.

SECTION PREMIÈRE.

Des ventes régulières.

La vente est une convention par laquelle l'un s'oblige à livrer une chose et l'autre à la payer.

La vente est conclue lorsque le consentement des contractants (vendeur et acheteur) est exprimé, soit par paroles, soit par gestes.

Si l'un des contractants, après avoir dit je te vendrai ou je t'achèterai cet objet pour tel prix, refuse l'exécution du marché, il doit jurer qu'il n'avait réellement pas l'intention ou de vendre ou d'acheter, mais qu'il parlait en manière de promesse ou sans idée arrêtée.

Pour la validité légale de la vente, il est

nécessaire que les contractants jouissent de leur intelligence et de leur raison.

La vente forcée est nulle, à moins qu'elle n'ait eu lieu par autorité de justice ou de souverain.

La vente de bâtisses ou constructions, d'arbres, etc., entraîne pour l'acheteur l'acquisition de la partie du sol qui se trouve couverte.

Tout propriétaire voisin de l'immeuble vendu a droit d'exercer le retrait en payant au vendeur une somme égale à celle qui lui est offerte par l'acquéreur; l'exercice du droit de retrait annule la première vente.

Une vente est légale lorsqu'elle est conforme aux principes de l'équité et aux dispositions de la loi qui exige quatre conditions principales, savoir :

1° Un pacte clair entre les parties ;

2° La légalité de la marchandise, qui doit être par sa nature une chose appréciable aux yeux de l'islamisme ;

3° Le droit de propriété chez le vendeur;

4° La cession absolue et perpétuelle de ce droit en faveur de l'acheteur.

La vente à forfait ou en bloc est permise à certaines conditions. Il faut que la chose à vendre soit vue ou ait été vue; que l'on ne puisse que difficilement compter les objets et que l'on ne puisse pas attacher isolément un prix à chacun d'eux, à moins que ce prix de chacun ne représente qu'une faible valeur (comme s'il s'agissait de noix, de grenades, de pastèques); qu'il ne soit pas possible d'apprécier facilement le nombre, la mesure ou le poids; que les deux contractants ignorent la quantité exacte de la chose à vendre; que le sol sur lequel la marchandise est déposée soit de surface plane et égale.

Nous renvoyons pour toutes les difficultés qui surgiraient à l'occasion d'une vente en bloc au remarquable ouvrage de M. Perron, tome III, page 188.

La vente de tout effet mobilier n'est censée consommée qu'au moment de la tradition.

L'acheteur doit payer le prix de la marchandise avant qu'elle lui soit délivrée. Si la vente a lieu par échange, la délivrance mutuelle des choses doit s'effectuer au même instant.

Les ventes à crédit demandent la fixation d'un terme quelconque, sauf au vendeur à assurer sa créance par un nantissement.

Le terme convenu entre les parties pour le paiement ne se compte que du jour de la délivrance de la chose vendue.

A moins de stipulations contraires, l'acheteur est maître d'effectuer le paiement en telles monnaies que bon lui semblera, pourvu qu'elles aient cours.

Le copropriétaire d'une chose indivise est libre de disposer de sa part.

Enfin, tout ce qu'un musulman peut légalement posséder et tout ce dont il peut faire usage peut être vendu.

SECTION II.

Des ventes illégales.

D'Hosson dit que les principales circonstances qui caractérisent l'illégalité d'un acte
de vente sont : l'ignorance du temps où il a
lieu, l'indétermination du prix, l'incertitude
de la qualité ou de la quantité de la chose
vendue, et un engagement contracté sous
une condition accessoire qui serait à l'avantage particulier, soit du vendeur, soit de
l'acheteur ou même de l'objet dont il traite,
comme l'offre d'un présent ou d'une somme
quelconque faite à l'une des parties, ou une
promesse de l'acheteur relative à l'objet acquis ; par exemple, si c'était un esclave,
de lui accorder la liberté ; si c'était un immeuble, de le faire habous, etc.

Est illégale, la vente d'une partie d'un
animal avant qu'il ne soit dépouillé du sa

peau, fût-il égorgé, car alors on ignore l'état et la qualité de la viande ; — la vente du blé pendant par racine (est permise la vente du froment encore enfermé dans l'épi mur ou mêlé à la paille après le dépiquage, pourvu que la vente se fasse à tant la mesure, car on peut apprécier à la vue la qualité du grain) ; — la vente d'enfants ou d'animaux à naître, car leur naissance est incertaine ; — la vente du produit annuel, et par conséquent incertain, d'une terre ; — la vente à fonds perdu est aussi illégale ; — toute vente dont la forme peut entraîner des résultats incertains : telle serait, par exemple, la vente d'un objet dont on laisserait l'appréciation à l'arbitrage de gens experts ; — la vente d'une créance pour une autre créance ou d'une créance pour une dette ; ainsi, par exemple, un individu créancier d'une somme payable à une époque déterminée vend sa créance à son débiteur pour une somme plus forte, mais avec une échéance plus éloignée ; cette opération est défendue comme étant une forme usuraire.

Une vente est illégale lorsqu'elle s'opère par échange au hasard, c'est-à-dire lorsque les valeurs ne sont pas présentes et disponibles de part et d'autre.

Si l'époque du paiement du prix n'est pas clairement exprimée et fixée, la vente est pareillement illégale.

L'illégalité d'une vente donne aux deux parties le droit de la résilier, à moins que la chose ait été livrée et le prix payé ; dans ce cas, la résiliation doit être prononcée judiciairement.

La responsabilité de la chose vendue ne passe à la charge de l'acquéreur, en cas d'illégalité de la vente, que quand l'acquéreur a reçu la chose et l'a gardée par devers lui, soit que le prix de cette chose n'ait pas encore été livré, soit que l'achat ait été payé comptant.

En cas de résiliation, la restitution du

prix doit précéder celle de la marchandise, et, si elle n'existe plus entre les mains de l'acheteur, il est tenu d'en rendre l'équivalent, mêmes genre, qualité et quantité, ou d'en payer, non le prix convenu, mais le prix courant au jour où elle lui fut livrée.

Si l'acquéreur a tiré un bénéfice de l'objet acquis, il est obligé, en cas de résiliation, de remettre ce bénéfice aux pauvres.

SECTION III.

Des ventes nulles.

Est nulle la vente des objets qui n'ont pas de valeur aux yeux des musulmans, comme un chien de chasse (le prophète a défendu de mettre un prix quelconque à un chien), le vin, les cochons, le sang, les corps sans vie d'hommes et de bestiaux, un Coran ou une partie de ce livre précieux, car c'est abandonner à l'outrage la sainteté de l'isla-

misme; les livres de science islamique, tels
que le recueil des traditions et maximes
rapportées au prophète.

La vente de toute personne de condition
libre est également nulle; toutefois, cette
règle souffre quelques exceptions : lorsque la
personne vendue est un infidèle (1) encore
jeune, la vente est permise, parce que
l'acheteur peut avoir l'espoir de l'amener à
la foi musulmane; mais, si la personne vendue est trop âgée et si on n'a plus l'espoir de
la convertir, la vente n'est permise qu'autant qu'elle est faite au profit d'un coréli-
gionnaire de l'individu vendu.

Une personne païenne peut toujours être
l'objet d'une vente, car on peut toujours la
convertir.

La vente de bois à un infidèle qui vou-
drait en fabriquer des croix; la vente du

(1) Les musulmans appellent infidèles les chrétiens et
les juifs.

raisin, si on sait que l'infidèle en extraira du vin ; la vente du cuivre, si on pense que l'infidèle le fondra pour en faire des cloches, est nulle.

Est nulle la vente de tout immeuble habous, quelle que soit sa destination, parce que toute constitution d'habous emporte l'idée d'une donation sacrée et définitive.

Seraient également nulles — la vente du lait de toute femme, soit libre, soit esclave ; — de cheveux humains, car vendre le lait ou les cheveux des femmes c'est avilir la majesté de l'homme ; — la vente d'excréments (Malek considérant le fumier comme objet impur en interdit la vente ; Bou-Hanifa au contraire l'autorise) ; — la vente d'un droit qui aurait l'air pour objet : ainsi, le propriétaire d'un étage supérieur qui devrait être reconstruit ne peut vendre son droit après la démolition ; il est obligé de reconstruire, autrement la cession aurait l'air pour objet et conséquemment serait nulle.

SECTION IV.

Des ventes à l'option.

La vente peut être conditionnelle en ce sens que le vendeur ou l'acquéreur peut se réserver la faculté d'opter dans un délai déterminé ; la faculté d'opter est le droit de ne déclarer parfaite et définitive la vente qu'après un certain temps.

La durée du droit d'option doit être prévue et indiquée.

Pour la vente d'un immeuble, elle ne peut excéder trente-six jours. Pendant ce délai, l'acquéreur ne peut habiter la maison ou cultiver les terres, ne fût-ce même qu'à titre d'essai.

La durée du droit d'option est de huit à dix jours pour la vente d'un esclave. Pendant le temps laissé pour l'exercice du droit, l'acquéreur peut appliquer l'esclave aux services domestiques, afin de l'éprouver et de l'apprécier, sans que le vendeur n'ait rien à lui réclamer à titre d'indemnité.

Pour la vente d'animaux domestiques qui ne peuvent servir comme montures, la durée du droit d'option est de trois jours; elle n'est que d'un jour pour les ventes d'animaux qui servent de montures.

Si l'acquéreur convenait, dans ce dernier cas, de s'assurer de l'appétit des animaux, la durée du droit d'option serait de trois jours.

Ce dernier délai peut être accordé lorsqu'il s'agit d'achat de vêtements ou de toute espèce d'effets à usage domestique.

Dans la vente définitivement conclue et suivie d'une condition d'option, les dégradations qui surviennent à la chose vendue sont à la charge de l'acheteur qui a payé son prix, car alors il est devenu vendeur.

Nous renvoyons pour l'examen des circonstances qui frappent de nullité la vente et des circonstances qui déplacent l'exercice de ce droit au *Précis de Jurisprudence musulmane* de Perron, vol. III, pages 281 à 290.

La chose vendue ne cesse point d'être la propriété du vendeur pendant le temps accordé à l'option. Les produits ou revenus des immeubles vendus à l'option restent au propriétaire vendeur qui est chargé de l'entretien de la chose.

La responsabilité de la chose vendue à l'option reste à la charge du vendeur lorsque l'acquéreur a reçu cette chose mais déclare ne plus l'avoir.

Lorsque le droit d'opter est laissé au vendeur, l'acquéreur qui a perdu ou qui a vu périr la chose qu'il avait entre les mains doit payer la valeur estimative de la chose au jour où elle lui a été délivrée, à moins qu'il n'affirme, sous serment, qu'il n'a point été la cause de la perte; alors il n'est responsable que du prix convenu.

Si le vendeur qui n'a pas droit d'option, mais qui l'a laissé à l'acheteur, emporte la marchandise, il doit payer le prix convenu pour la vente.

Si le vendeur qui a conservé le droit d'option a causé exprès un dommage à la chose vendue, la vente est dissoute.

Si le droit d'option est dévolu à l'acheteur et si le vendeur est la cause involontaire du dommage subi par la chose pendant le délai accordé pour l'option, dommage qui d'ailleurs n'a pas amené la destruction de la chose, l'acheteur a la libre faculté de rompre la vente purement et simplement ou de la maintenir, en payant, dans ce dernier cas, le prix sans aucune déduction pour la dépréciation subie par l'objet vendu.

Le vendeur n'est tenu de la garantie à raison des défauts cachés de la chose vendue, lorsqu'il ignore ces défauts, qu'autant que l'acquéreur s'est réservé la faculté de lui rendre la chose achetée ou de renoncer à l'acquisition, si cette chose, avant que l'acquéreur en soit devenu responsable, ne remplit pas les conditions énoncées lors du contrat.

Le vendeur qui connait les défauts de la chose qu'il vend doit les spécifier à l'acquéreur.

Le droit de redhibition ne peut s'exercer à propos d'un objet vendu par autorité de justice ou par un héritier, à moins qu'il ne soit établi que le juge ou l'héritier ait eu connaissance des défauts.

L'acquéreur qui s'est servi de la chose et qui a modifié son état n'a plus le droit de redhibition; il n'a qu'une action en dommages-intérêts pour se couvrir de la perte qu'il éprouve.

Toutes actions relatives à l'exercice du droit de redhibition sont soumises au juge, qui défère le serment, suivant les circonstances, soit au vendeur, soit à l'acheteur.

Les produits donnés par la chose en de-

hors de toute mise en œuvre, tels que le
lait, la laine des animaux ou même par la
mise en œuvre, mais avant que le vice red-
hibitoire ait été reconnu, sont la propriété
de l'acquéreur.

SECTION V.

De la délivrance.

Le vendeur est garant, jusqu'à la prise de
possession de l'acheteur, pour les marchandises qui ne se livrent pas immédiatement et
qui se vendent à la mesure ou au poids, ou
au nombre; à moins de stipulations contraires, les frais de délivrance sont à la charge
du vendeur.

Lorsqu'un vendeur se trouve dans l'impossibilité de livrer la chose vendue, il y a
lieu de distinguer si la vente a eu pour objet
une partie de denrées qui se payent les unes
par les autres, telles que le grain, le lin, le

safran ; l'acquéreur n'a la faculté de résilier le marché qu'autant que le vendeur ne lui livre pas les denrées de mêmes qualité, poids et quantité. Si, au contraire, la vente a eu pour objet une chose qui n'ait pas son équivalent identique, l'acheteur peut refuser de prendre livraison et demander la résiliation du contrat.

SECTION VI.

De la résiliation volontaire.

Nous avons dit plus haut que la vente n'était parfaite qu'après la réalisation de certaines conditions, notamment du paiement du prix.

Lorsqu'il s'agit de vente de denrées alimentaires, l'acheteur peut, avant la prise de possession, rendre la chose au vendeur et pour le prix même d'achat.

Le prix doit lui être rendu sur-le-champ ;

il n'est laissé au vendeur que le temps nécessaire pour aller chercher les fonds et les rap-
porter.

Les contestations relatives à la nature de
la chose vendue, à la nature du paiement,
au prix convenu, à la quantité de la chose,
à l'échéance et à la garantie du paiement
sont soumises au magistrat qui défère le
serment au vendeur d'abord, suivant l'ordre du prophète qui dit au Coran : « La
parole à écouter est celle du vendeur », à
l'acheteur ensuite.

Quant à la formule du serment à exiger
des deux contractants, elle doit d'abord
nier l'assertion de la partie adverse et ensuite certifier l'assertion de celui à qui est
déféré le serment. Exemple : A prétend avoir
vendu à B pour deux douros ; B prétend que
la vente a été consentie moyennant un douro
et demi. A devra dire : « Je jure que je n'ai
pas vendu pour un douro et demi, mais bien
pour deux douros. » B, appelé à jurer, de-

vra formuler ainsi son serment : « Je jure
que je n'ai point acheté pour deux douros,
mais bien pour un douro et demi. »

Tout ce qui précède a été extrait de l'ouvrage de M. Perron ; nous renvoyons à ce
savant auteur pour toutes les questions de
détail que notre modeste cadre ne nous a
pas permis d'examiner ici.

SECTION VII.

De la licitation.

Si une chose commune à plusieurs ne peut
être partagée commodément et sans perte,
ou si dans un partage, fait de gré à gré, de
biens communs il s'en trouve quelques-uns
qu'aucun des copartageants ne puisse ou ne
veuille prendre, la vente se fait devant le
magistrat et le prix est partagé entre les copropriétaires (art. 1686 du Code Napoléon).

La demande d'un seul des copropriétaires

suffit pour que l'on procède au partage d'un bien commun, supposé qu'il soit avantageux pour tous ou du moins pour la majorité.

Les formalités à observer pour la licitation sont communes au partage des successions (art. 1680 du Code Napoléon).

TITRE IV.

DU TRANSPORT DES CRÉANCES.

Trois conditions sont nécessaires pour rendre valable le transport d'une créance : le consentement du cédant, le consentement du cessionnaire, enfin celui du débiteur cédé.

La réunion de ces trois conditions rend le transport définitif, et le cessionnaire n'a plus aucun recours contre le cédant.

Lorsque le transport d'un objet se fait en termes vagues et généraux, le cédant peut, au besoin, réclamer ses droits contre le débiteur ; mais il les perd entièrement si l'acte énonce d'une manière précise l'état et la nature de l'objet cédé, quels que soient les évènements à l'égard du cessionnaire.

TITRE V.

DE L'ÉCHANGE.

L'échange est un contrat par lequel les parties se donnent respectivement une chose pour une autre (art. 1702 du Code Napoléon).

L'échange s'opère par le consentement des parties de même que la vente.

Pour que l'échange soit valable, il est de toute nécessité que les objets échangés soient d'égale valeur.

L'échange des matières d'or ou d'argent n'est permis qu'autant que la pesée, d'or pour or, d'argent pour argent, monnayé ou non monnayé, est équivalente.

Il est défendu d'échanger une pièce de monnaie ayant un titre plus pur mais un poids moindre, ou ayant une valeur courante plus sûre mais un poids plus faible, contre une pièce en numéraire d'un titre moins pur mais d'un poids exact, ou d'une valeur courante moins sûre mais d'un poids juste.

Les règles suivies pour l'échange tendent toutes à éviter le trafic usuraire.

TITRE VI.

DU CONTRAT DE LOUAGE.

DISPOSITIONS GÉNÉRALES.

Il y a deux sortes de contrat de louage : celui des choses et celui d'ouvrage (art. 1708 du Code Napoléon).

Le louage des choses est un contrat par lequel l'une des parties s'oblige à faire jouir

9

l'autre d'une chose pendant un certain temps et moyennant une certaine part que celle-ci s'oblige de lui représenter (art. 1709 du Code Napoléon).

Le louage d'ouvrage est un contrat par lequel l'une des parties s'engage à faire quelque chose pour l'autre, moyennant un prix convenu (art. 1710 du Code Napoléon).

Ces deux espèces de louage se subdivisent encore en plusieurs espèces particulières.

On appelle bail à loyer le louage des maisons; bail à ferme, celui des héritages ruraux; enfin, loyer ou louage, le louage du travail (art. 1711 du Code Napoléon).

Section Première.

Louage des choses.

§ 1er. — Baux à ferme.

Pour qu'un bail à ferme soit valide, il faut que le bailleur prête sa terre et que le preneur la cultive avec ses bœufs et ses semences ; ce n'est que dans des cas extrêmement rares que le propriétaire peut fournir aussi les semences et même les bœufs.

Il faut encore que la terre soit susceptible de culture et que le contrat détermine, avec soin et précision, le terme du bail, l'espèce et la quantité des semences, ainsi que les parts respectives du bailleur et du preneur dans les bénéfices de la culture.

Le terme ou la durée du bail est stipulé au gré du propriétaire, et, dans le cas où le prix du bail est déclaré payable en argent, les paiements partiels doivent être faits à terme échu.

On retrouve ici encore la défense implicite du prêt à intérêt.

Lorsque, sans autre stipulation, le propriétaire a loué pour une année, il y a lieu de distinguer : lorsque les terres sont arrosées naturellement, l'année prend fin après la récolte ; lorsqu'au contraire les terres reçoivent une irrigation artificielle, l'année se termine à l'expiration du douzième mois.

Si celui qui tient à louage la terre a encore sur pied une récolte à mûrir lors de l'expiration du douzième mois, il conserve la terre jusqu'à la maturité complète, puis il recueille.

Lorsque le bail a été consenti moyennant une part de fruits, les frais ordinaires d'arrosement, de garde et de récolte doivent être ou prélevés sur la masse du produit, ou mis à la charge du fermier. Le propriétaire en est exempt ; mais celui des deux qui aurait fait des dépenses extraordinaires sans le consentement de l'autre ne peut pas exiger qu'il y contribue.

Si, au contraire, l'un des contractants avait fait arbitrairement des opérations nuisibles, l'autre aurait le droit de réclamer une juste indemnité.

On ne doit pas louer une terre sans préciser si le preneur devra y faire des constructions ou des plantations.

On ne loue pas une terre pour une durée considérable, à la condition que le preneur y plantera des arbres dont le nombre lui est indiqué et qu'à l'expiration de la durée du bail la plantation appartiendra intégralement ou pour partie au propriétaire du sol. L'illégalité d'un pareil engagement est motivée sur l'incertitude des résultats de la plantation.

Lorsque le bail à ferme est pur et simple, le preneur est maître absolu d'exploiter la terre à son gré; il a même la faculté d'y faire des plantations ou d'y élever des bâtiments comme bon lui semble. Mais, à l'expiration du bail, il ne peut obliger le propriétaire du terrain à renouveler le contrat, ou à l'indemniser pour ses bâtisses ou ses plantations.

Si, par quelques circonstances, il s'est répandu sur le sol des grains et si ces grains germent et poussent plus tard, leur produit est la propriété du maître du sol, quand même ce propriétaire louerait immédiatement sa terre à un nouveau preneur.

A partir du moment où le preneur a la libre jouissance de la chose louée, il est obligé au prix du louage.

Tant que le locataire ou fermier n'a pas pris possession du terrain, l'action du bailleur, bien qu'en germe, n'existe pas encore.

Une fois que la jouissance a commencé, le preneur ne peut, quel que soit la nature de son exploitation, réclamer du bailleur aucune indemnité si la terre n'a rien produit.

Dans le cas où une terre est périodiquement inondée, si elle l'a été après l'époque des labours (qu'ils aient été faits ou non), le prix de fermage est obligatoire; si, au contraire, elle l'a été avant et pendant cette époque, de telle sorte que le preneur n'ait pu faire ses travaux, le fermage n'est pas obligatoire.

Si le preneur n'a pu semer par suite d'une

circonstance quelconque, il subit la peine de ce fait en payant le prix du louage, à moins toutefois qu'il n'établisse qu'il n'a pas semé parce qu'il n'y avait pas de semences dans la localité.

Toutes les fois que des guerres ou des troubles civils ont empêché de cultiver ou de soigner les cultures, ou que les vers ou les rats, ou le manque d'eau, ou, enfin, d'autres accidents provenant du sol ont causé la perte des semailles ou n'en ont laissé qu'une minime partie, le preneur est complètement dispensé de toute obligation de paiement.

Les conventions étant faites et le contrat signé, le preneur n'a plus le droit de s'en dédire; ce droit n'appartient qu'au bailleur, maître du terrain, et alors, si le preneur y a déjà fait quelque travail, la religion, mais non la loi, prescrit au bailleur de l'en dédommager.

Tout vice ou toute dégradation considérable dans l'immeuble emporte la résiliation du bail, à moins que le propriétaire n'y remédie sur-le-champ. Mais lorsque la résiliation du bail a lieu après l'ensemencement, la récolte ne peut appartenir qu'à celui qui a fourni les semences, moyennant une indemnité qu'il donne à l'autre contractant.

Si c'est le fermier, il lui faut un salaire pour son travail; si c'est le propriétaire, il a droit d'exiger la rente de la terre; et supposé qu'il ait prêté ses bœufs au fermier pour les labours, celui-ci lui doit une double rétribution, et il est tenu en outre de donner aux pauvres une partie de ses bénéfices.

La mort de l'un des contractants, la vente de terrain pour cause de dettes ou autres motifs légitimes, la nécessité de quitter le pays ou d'entreprendre un long voyage sont des causes de résiliation du bail.

§ 2. — Baux à loyer.

Il est permis de louer tout ou partie d'une maison, soit qu'on l'ait vue, soit qu'on ne l'ait pas vue.

Le bail de tout immeuble, maison, boutique, magasin, doit déterminer le terme et le prix du loyer.

Le prix du loyer ne doit être payé qu'à terme échu.

Tout propriétaire peut régler le loyer de sa boutique suivant la nature du travail de son locataire ou en raison de ses bénéfices.

Le locataire, sans cesser d'être responsable vis-à-vis du propriétaire, peut sous-louer moyennant tel prix qu'il juge convenable.

Les réparations sont à la charge du propriétaire de l'immeuble.

Toutefois, les parties peuvent stipuler que les réparations seront à la charge du loca-

taire qui, en tous cas, ne devra les payer
que jusqu'à concurrence de la somme due et
échue à l'époque où elles ont été jugées nécessaires.

Cette stipulation ne serait valable qu'autant que les parties ont stipulé combien de
fois par an elles devront avoir lieu.

Les engagements souscrits par le preneur
sont modifiés : 1° lorsqu'en raison des choses tombées ou dégradées dans la maison,
quelle que soit même leur peu d'étendue ou
d'importance, la valeur du loyer doit être
moindre ; dans ce cas, la réduction est pro-
portionnée au préjudice causé ; 2° lorsqu'une
chambre est tombée, on procède comme il
vient d'être dit plus haut, quant à la réduction ; 3° lorsque le propriétaire vient habiter
la maison louée, le locataire ne paye le
loyer que de la partie qu'il occupe ; 4° lorsque, dans une maison à deux étages, le
propriétaire n'a pas mis ces deux étages en
communication et a empêché le locataire de

jouir du second, la réduction se fait de la manière indiquée plus haut.

Après l'expiration du terme convenu, chacune des parties a la liberté de demander la résiliation du bail ; mais si elles laissent écouler ce terme, ne fût-ce que d'une heure, elles perdent leurs droits respectifs et le bail est censé renouvelé aux mêmes conditions que porte le contrat fait pour le temps écoulé.

Il n'est pas licite de louer une maison pour une durée de plus de trente ans.

Dans les contestations en matière de louage, lorsque chacun des deux individus apporte une preuve, on juge en faveur de celui qui présente la plus forte.

Si les deux preuves sont équipollentes, elles tombent et se neutralisent mutuellement.

Lorsque le preneur, pas plus que le bailleur, n'apporte des preuves, il faut distinguer si le preneur est entré en jouissance ou si, au contraire, il n'a point encore habité la maison ou mis la terre en culture.

Dans le premier cas, on a recours au serment contradictoire, en exigeant d'abord celui du propriétaire.

Dans le second cas, une déclaration vraisemblable du preneur suffit pour faire succomber le bailleur.

Celui qui a pris une chose à louage est considéré comme homme de confiance et n'a pas de garantie à sa charge lorsqu'il déclare que la chose s'est perdue ou a péri.

S'il y a lieu de soupçonner la sincérité de la déclaration, on exige le serment et, de plus, on fait déclarer au locataire ou fermier, sous la foi du serment, qu'il n'est nullement coupable de négligence ou d'inattention.

Lorsque la chose a péri entièrement, le bail est résilié de plein droit.

§ 3. — Louage d'objets mobiliers ou d'animaux.

Il est licite de louer des objets mobiliers destinés à l'usage et des animaux destinés au travail.

Si la location d'un animal, d'une barque, a eu pour but le transport de l'eau, du bois, des marchandises, le prix peut être stipulé payable soit en argent, soit en partie déterminée de l'objet transporté.

Le louage d'un animal, d'un navire, d'une barque, afin d'aller dans un endroit déterminé, moyennant un prix arrêté, est licite, pourvu que le preneur s'engage, dans le cas où il n'aurait pas besoin d'aller jusqu'à la localité indiquée, à compter le prix du louage en proportion relative à la somme convenue pour le trajet entier ; mais il faut alors que rien ne soit payé à l'avance, car l'affaire présenterait la possibilité simultanée d'un prêt et d'un paiement, ce qui est prohibé par la loi; il serait également prohibé de convenir de tel prix pour aller jusqu'à telle localité et d'un surplus proportionnel pour le cas où le preneur dépasserait la localité indiquée, car alors il y a incertitude d'espace et de résultat.

On ne peut louer un animal pour plus d'une année; lorsque la location est faite en vue d'un voyage, elle ne doit avoir lieu que par mois.

Dans toutes les locations, l'âge, la solidité, la force, la durée probable de la chose, c'est-à-dire la possibilité d'existence sans dégradation notable, doivent être appréciés.

La réserve d'un animal pour le monter ne peut se prolonger au-delà de trois jours, jamais une semaine; un terme moyen serait blâmable devant la loi.

On peut licitement louer des vases ou ustensiles, qui même ne pourraient plus se reconnaître facilement dans leur individualité , parce que l'emploi qu'on en fait modifie leur aspect, soit par l'effet du feu, soit autrement (tels sont les plats, les marmites, les cribles, les tamis, etc.).

S'il s'agit de la location de bêtes de somme, les parties doivent convenir du genre des effets à transporter, de leur poids et de la longueur de la course.

S'agit-il de bêtes de monture, il faut également désigner la course et les personnes qui doivent s'en servir; s'agit-il d'objets mobiliers, on n'en est pas moins obligé d'indiquer la personne qui en fera usage et l'emploi auquel on les destine.

Il est repréhensible — de louer des bijoux d'or et d'argent, — de louer un objet qu'on a pris soi-même à location; si le sous-louage a eu lieu et si l'animal a péri, c'est sur le premier locataire que pèse la responsabilité.

Il en serait de même quant au louage d'un vêtement, de livres, etc.

Dans tous les cas, lorsque le locataire

manque à sa parole ou aux conditions arrê-
tées, il est responsable des évènements.

Section II.

Louage d'ouvrage et d'industrie.

Le louage d'ouvrage et d'industrie a pour
but la jouissance des services à retirer des
êtres intelligents.

Il ne faut pas que sous forme de louage
une autre opération soit conclue, et le louage
ne doit comporter aucune chance de frus-
tration.

Ainsi, par exemple, l'opération par laquelle un individu achèterait des cuirs à
condition que le vendeur en confectionne-
rait une partie en souliers pour l'acheteur
serait illicite, parce que le louage se trou-
verait mêlé à une vente.

Le salaire doit être déterminé et fixé.
Tout louage dans lequel le salaire serait incertain serait nul.

L'artisan doit être payé à la fin de son travail, l'ouvrier à la fin de la journée et le domestique à la fin du mois ou de l'année, à moins qu'il n'ait été fait des conditions particulières.

Toute personne engagée au service d'une autre personne a droit à un salaire proportionné à ses travaux, à ses peines, à ses soins et à la perte de son temps; il en est de même de tout individu qui en sert un autre ou qui emploie pour lui son art, son talent ou son bien.

Il est répréhensible — d'exiger un salaire pour enseigner le droit musulman, pour interpréter le Coran (« Dis-leur : Je ne vous demande point de salaire pour le Coran; » Coran, traduction de Kasimirski, chapitre 6, verset 90), pour enseigner la langue arabe, etc.; — d'apprendre, sous condition d'un salaire, à battre du tambour de basque ou à jouer de la mandoline pour les noces, à pleurer aux obsèques, etc.; — de louer un objet pour le service d'un infidèle.

Relativement à l'enseignement, les avis sont contraires. Les anciens imans déclarent qu'il n'est pas permis de solliciter une rémunération pour les leçons données ; les docteurs modernes, dirigés par un zèle éclairé et par l'expérience des siècles, ont dérogé à ces dispositions primitives, dans la seule vue de mieux soutenir les sciences divines et de mieux propager les lumières de la doctrine et de la foi.

Tout salaire dû doit être payé sans retard ; le maître qui se refuse à effectuer le paiement peut être poursuivi et même emprisonné.

Il est permis de louer un individu pour faire subir, d'après les principes du talion, la mort à un meurtrier reconnu coupable ; mais il n'est jamais permis de louer un individu pour en tuer un autre injustement (1).

(1) Chez les musulmans, les représailles sont autorisées ; on lit dans le Coran : « O Croyants! la peine du talion est

Il n'est pas permis de louer un esclave pour plus de quinze années, et, lorsque la location a une durée aussi longue, le preneur doit payer comptant le montant total du salaire.

On peut louer à la journée, au mois, à l'année les services ou le travail d'un individu.

L'engagement ou louage est-il illégal et, partant, résolutoire, s'il combine en un seul et même fait les deux choses, c'est-à-dire la question de temps et la question de travail,

écrite pour le meurtre; un homme libre sera mis à mort pour un homme libre, l'esclave pour un esclave, la femme pour une femme. Celui qui pardonnera au meurtrier de son frère aura droit d'exiger un dédommagement raisonnable, qui lui sera payé avec reconnaissance. Cet adoucissement est une faveur de la miséricorde divine.

» Celui qui portera plus loin la vengeance sera la proie des tourments.

» O vous qui avez un cœur, vous trouverez dans la peine du talion, et dans la crainte qu'elle inspire, la sûreté de vos jours. »

et si le temps employé ne dépasse pas la valeur du travail opéré? ou bien, l'engagement est-il illégal dans tous les cas, c'est-à-dire qu'il y ait eu ou non plus de temps employé qu'il n'en fallait et que n'en représente le travail?

Voici comment M. Perron, qui pose ces questions, les résout, d'après Sidi-Khelil : « Le droit est que le surplus de temps employé doit être payé par appréciation de salaire de convenance. »

Le Coran (traduction Kasimirski) porte au chapitre 11, verset 233 : «.... Si vous préférez mettre vos enfants en nourrice, il n'y aura aucun mal à cela, pourvu que vous payiez ce que vous avez promis. »

Il est donc licite, d'après ces principes de la loi musulmane, de prendre une nourrice pour allaiter un jeune enfant.

La femme ne peut confier son enfant à une nourrice sans le consentement de son mari.

Dans le cas où le fait aurait eu lieu à

l'insu de celui-ci, il a le droit d'annuler les engagements acceptés.

Si, pendant la durée de l'allaitement, la nourrice devient enceinte, la famille de l'enfant a le droit de retirer le nourrisson, en payant à la nourrice une indemnité en rapport avec le temps pendant lequel elle a nourri l'enfant.

Si elle avait été payée par anticipation, elle ne pourrait être contrainte à restituer et les parents subiraient la peine de leur imprudence.

Si deux nourrices ont été prises pour allaiter un seul enfant, la mort de l'une d'elles donne à la survivante le droit de résilier le contrat de louage.

Une nourrice a également le droit de résilier son engagement lorsque le père de l'enfant qu'elle a pris vient à mourir avant qu'elle n'ait rien reçu de son salaire.

Si, outre les gages, la famille s'oblige à nourrir la nourrice, il y a lieu à résiliation des conventions lorsque celle-ci a un appetit excessif.

Le mari qui autorise sa femme à allaiter un enfant étranger ne peut plus la contraindre de quitter son nourrisson avant le terme stipulé et, par le fait de son autorisation, il s'interdit le droit de copuler avec elle pendant la durée de l'allaitement.

Une nourrice ne peut, sans conventions expresses, prendre à la fois deux nourrissons.

Le pâtre n'est point tenu de surveiller et garder les jeunes animaux qui naissent dans le troupeau, à moins que l'usage n'ait consacré cette obligation.

Une personne à gages ne peut perdre son salaire que lorsqu'elle trahit les devoirs de son état.

Un artisan est considéré comme homme de confiance et n'est point responsable de l'objet qui lui a été confié, à moins qu'il n'ait péri par sa faute; mais il faut qu'il déclare au besoin, sous la foi du serment, que ce n'est point par sa négligence que la chose s'est perdue ou a péri.

Un ouvrier chargé d'une façon d'ouvrage est tenu de payer une indemnité lorsque par suite de son incapacité ou de son ignorance il a gâté la matière première.

Mais l'artisan ou l'ouvrier n'est responsable que de la chose seule qu'il travaille et pas d'autre; ainsi, par exemple, un livre est donné à copier; si l'ouvrier gâte l'original, il ne doit aucune indemnité.

Le médecin ou le barbier qui dans une opération se trompe est soumis à la peine du talion, œil pour œil, dent pour dent, membre pour membre; de plus, il doit payer une amende expiatoire.

S'il affirme sous serment que l'opération était nécessaire et s'il le démontre, sa déclaration doit être acceptée et il n'est tenu à aucune indemnité.

Quant aux domestiques employés au ser-

vice intérieur de la maison, ils ne sont pas
responsables des dégâts qu'ils font en ser-
vant. Enfin, dans tous les marchés à prix
fait, les accidents sont à la charge de l'en-
trepreneur.

TITRE VII.

DU CONTRAT DE SOCIÉTÉ.

La société est un contrat par lequel deux
ou plusieurs personnes conviennent de mettre quelque chose en commun, dans la vue
de partager le bénéfice qui pourra en résulter (art: 1832 du Code Napoléon).

Toute société doit avoir un objet licite et
être contracté pour l'intérêt commun des
parties.

Chaque associé doit y apporter ou de l'argent ou d'autres biens, ou son industrie
(art. 1833 du Code Napoléon).

Tous les associés sont solidaires, et chacun d'eux est considéré comme le mandataire et le garant des autres pour tous les objets relatifs à la société.

L'associé qui possède des fonds ou des biens autres que ceux mis en société est toujours maître de les employer dans un commerce particulier ou de les mettre dans une autre société.

Le pacte de société ne peut intervenir qu'entre gens de la même religion, du même état, de la même condition.

Il y a quatre sortes de sociétés : dans la première, les associés mettent en commun leurs biens meubles ; dans la seconde, leurs capitaux ; dans la troisième, leur industrie, et dans la quatrième, leur crédit.

Dans la première espèce, lors de la création de la société, les associés doivent former un état exact des effets mis en commun, déterminer la quote-part de chacun d'eux et prendre l'engagement de ne rien entreprendre sans le consentement de tous.

Dans la seconde espèce, si les associés ont apporté une somme égale, ils jouissent des mêmes prérogatives et des mêmes droits.

S'ils ont apporté des sommes inégales, ils doivent fixer les attributions et la part de chacun.

Dans la troisième espèce, les artisans qui s'associent sont libres de déterminer comme ils l'entendent les règles de leur contrat.

Enfin, dans les sociétés fondées sur le crédit des associés, le travail et les droits de chacun se déterminent d'après l'importance de leur crédit respectif.

La preuve testimoniale est toujours admise dans les contestations entre associés.

La société finit par l'expiration du terme ou par la mort de l'un des associés.

TITRE VIII.

DU PRET.

« O croyants! ne multipliez pas vos richesses par l'usure.

» Ceux qui exercent l'usure ne sortiront de leurs tombeaux que comme des malheureux agités par le démon, parce qu'ils ont dit qu'il n'y a point de différence entre la vente et l'usure. Dieu aurait-il permis l'une et défendu l'autre? Celui à qui parviendra cet avertissement du Seigneur et qui renoncera au mal recevra le pardon du passé, et le ciel sera témoin de son action. Celui qui retournera au crime sera la proie d'un feu éternel.

» Dieu détourne sa bénédiction de l'usure et la verse sur l'aumône. Il hait l'infidèle et l'impie.

» O croyants! craignez le Seigneur et, si

vous êtes fidèles, réparez l'usure que vous avez exercée ; si vous refusez d'obéir, attendez-vous à la guerre de la part de Dieu et de son apôtre. Si vous obéissez à sa voix, vous retrouverez vos richesses. Ne soyez point injustes et on ne le sera point envers vous.

» L'usure par laquelle l'homme veut augmenter ses richesses ne produira rien auprès de Dieu. L'aumône que vous faites dans l'espoir de mériter sa présence multipliera au centuple. » (Coran; traduction de Savary.)

D'après les principes ci-dessus reproduits, le prêt chez les musulmans est un contrat essentiellement gratuit.

« Il y a trois choses, dit le prophète, que l'on ne doit faire qu'en vue de Dieu et pour Dieu : prêter, garantir et exercer les hautes fonctions. »

Prêter, c'est livrer une chose ou valeur possédée par possession privative en échange d'un équivalent parfaitement exact, à une époque plus ou moins éloignée et dans le but unique d'être utile à l'emprunteur seul. Si, en prêtant, le but est d'être utile à tout autre qu'à l'emprunteur, le prêt est illicite et nul.

La gratuité est tellement nécessaire dans le prêt qu'il est même défendu de laisser a un boulanger une quantité de farine, à condition que l'on prendra chaque jour tant de pain, et encore de vendre cette farine à condition qu'on recevra tant de pain, car c'est, dit Sidi-Khelil, faire entrer une nourriture dans le prix d'une nourriture.

Il est permis de prêter les effets, les animaux, les grains, etc.; mais non une esclave dans le but de procurer à l'emprunteur les plaisirs sexuels; ou les terres, ou les arbres, ou les terres métallifères, ou les minerais, ou les pierreries de haut prix.

Le prêt d'une chose donne à l'emprunteur le droit d'en faire usage jusqu'au terme où il doit la restituer; si c'est de l'argent ou des comestibles, il doit en rendre la même quantité et qualité.

Tous les accidents, à moins qu'ils ne soient arrivés par la faute de l'emprunteur, sont à la charge du prêteur.

L'emprunteur, s'il n'y est autorisé formellement par le prêteur, ne peut, sous aucun prétexte, remettre, à quelque titre que ce soit, l'objet qui lui a été confié à titre de prêt.

Il est interdit au débiteur de faire aucun présent ou cadeau à son prêteur, et il est pareillement interdit à celui-ci de recevoir de l'emprunteur aucun présent ou cadeau ; il en est de même pour tout débiteur et tout créancier quel que soit le genre de dette, à moins que les individus n'aient déjà depuis longtemps, et avant qu'ils fussent l'un envers l'autre créancier et débiteur, échangé des présents, ou encore à moins qu'il ne survienne après l'acceptation du prêt quelque circonstance dans laquelle l'un ou l'autre individu est tenu de faire un présent, par exemple, en cas de mariage.

Le prêt étant un acte volontaire et désintéressé, le prêteur a le droit d'exiger la restitution de son bien quand bon lui semble.

A moins que le prêt ne consiste en numéraire, le prêteur n'est point obligé de recevoir la chose dans un lieu autre que celui qui a été indiqué pour le remboursement.

Tous les frais que peut entraîner la restitution d'un objet prêté doivent être à la charge de l'emprunteur, à cause de l'avantage qu'il a retiré du prêt.

Jusqu'à ce que la restitution ait été faite et acceptée, l'emprunteur est responsable de la chose prêtée vis-à-vis du prêteur.

Le mineur, pas plus que l'esclave, n'est responsable du prêt qui lui a été consenti; l'objet prêté est considéré comme un dépôt fait entre ses mains.

En cas de contestations sur la durée du prêt, la parole du prêteur fait autorité.

TITRE IX.

DE LA COMPENSATION.

Lorsque deux personnes se trouvent débitrices l'une envers l'autre, il peut s'opérer une compensation qui éteint les deux dettes de la manière et dans les cas ci-après exprimés (art. 1289 du Code Napoléon).

Peut s'opérer : si l'accord n'est pas direct et accompli entre les deux individus, créancier et débiteur, le fait de compensation n'existe pas.

La compensation n'a lieu qu'entre deux dettes qui ont également pour objet une somme d'argent ou une certaine quantité de choses fongibles de la même espèce et qui sont également liquides (art. 1291 du Code Napoléon).

La compensation est permise pour deux
dettes dont la valeur est en numéraire,
quelle que soit l'origine de ces deux dettes
et lorsque les valeurs dues sont égales, de
même espèce et de même cours.

Il est indifférent que les deux dettes soient
échues ou qu'une seule des deux le soit, ou
que ni l'une ni l'autre ne se trouve encore à
terme.

La compensation est permise lorsque les
valeurs numéraires dues sont de qualité dif-
férente, bien qu'elles soient de même espèce
ou d'espèces différentes ; mais alors il faut
que les deux dettes soient échues.

Si les deux dettes consistent en denrées
alimentaires données en prêt, l'acquittement
réciproque est permis, pourvu que les quan-
tités soient égales et que les choses prêtées
soient identiques.

Si les choses dues pour chacune des
créances diffèrent de poids ou de nombre,
ou bien proviennent de vente, l'acquitte-

ment réciproque èst défendu, quand même les deux dettes seraient échues; l'inhibition s'appuie sur ce que la valeur primitive réelle d'une des deux ventes peut ne pas être parfaitement identique et égale à la valeur de l'autre, et, alors, il y a possibilité de gain illicite.

La caution peut opposer la compensation de ce que le créancier doit au débiteur principal.

Mais le débiteur principal ne peut opposer la compensation de ce que le créancier doit à la caution (art. 1294 du Code Napoléon).

TITRE X.

DU DÉPOT.

Le dépôt est un acte par lequel on reçoit la chose d'autrui, à la charge de la garder et de la restituer en nature (art. 1915 du Code Napoléon).

Le dépôt est un contrat essentiellement gratuit (art. 1917 du Code Napoléon).

Il se forme par le consentement de la personne qui le fait et de celle qui le reçoit (art. 1921 du Code Napoléon).

Le dépositaire doit apporter dans la garde de la chose déposée les mêmes soins qu'il apporte dans la garde des choses qui lui appartiennent (art. 1927 du Code Napoléon).

Ce principe, consacré par la loi française, était admis par la loi romaine : *Non salva fide minorem, quam suis rebus, diligentiam præstabit.*

Le dépositaire est responsable du vol ou du dommage de la chose déposée, s'il peut être attribué à sa faute, à sa négligence ou à l'imprudence qu'il aurait eue de la confier en d'autres mains, à moins qu'il n'y ait été forcé par un évènement imprévu, tel qu'un incendie par exemple.

Les mineurs et les esclaves ne sont pas responsables des dépôts qui leur ont été confiés.

Le dépositaire peut se servir de la chose déposée sans la permission expresse du déposant (art. 1930 du Code Napoléon).

Si le dépositaire se sert des habits, des bestiaux, des esclaves (de ceux-ci autrement que pour la copulation qui, en cas de dépôt, est toujours interdite), ou de choses mobilières qu'il a reçus en dépôt, il est tenu de payer une juste indemnité.

S'agit-il d'espèces monnayées? il est obligé de donner le bénéfice aux pauvres.

Le dépôt doit être restitué à la personne qui l'a fait ou à ses ayants-droit seulement.

TITRE XI.

DU MANDAT.

Le mandat ou procuration (oukèla) est un acte par lequel une personne donne à une autre le pouvoir de faire quelque chose pour le mandant et en son nom. Le contrat ne se forme que par l'acceptation du mandataire (art. 1984 du Code Napoléon).

Le mandat est gratuit ou salarié. Dans le dernier cas, il est réglé par les principes du louage.

Le mandat est ou spécial et pour une ou certaines affaires seulement, ou général et pour toutes les affaires du mandant.

Tout achat, toute vente, tout contrat, enfin tout acte fait par un mandataire légal est valide et obligatoire pour le mandant, si le premier s'est conformé à ses instructions ou si les pouvoirs conçus en termes généraux l'autorisent à procéder entièrement à son gré sur les objets confiés à sa gestion.

Le mandataire spécial est responsable de son fait; le mandataire général échappe à cette responsabilité.

Toutefois, il est tenu, dit d'Hosson, d'indemniser son mandant lorsqu'il a traité à des prix qui lui causent une perte de plus de cinq pour cent sur les choses mobilières, de dix pour cent sur les bestiaux, et de vingt pour cent sur les immeubles.

Le mandataire spécial répond de celui qu'il s'est substitué dans la gestion 1° quand il n'a pas reçu le pouvoir de se substituer quelqu'un ; 2° quand ce pouvoir lui a été conféré sans désignation d'une personne, et lorsque celle dont il a fait choix était notoirement incapable ou insolvable.

Dans tous les cas, le mandant peut agir directement contre la personne que le mandataire s'est substituée (art. 1994 du Code Napoléon).

Celui qui est chargé par procuration de la conduite d'un procès n'est pas autorisé, par le fait de son pouvoir, à recevoir la chose en litige, à moins qu'il n'y ait été formellement autorisé par son mandant.

S'il est chargé de la recette d'une certaine somme, la loi musulmane (contraire en ceci à la loi française) l'autorise à poursuivre en justice le débiteur.

Si deux mandataires ont été nommés pour une même opération, ils doivent agir simultanément.

Il est permis de donner mandat pour recueillir un gage ou un nantissement; le mandataire devient alors responsable du gage et ne peut le livrer, soit au créancier, soit au débiteur sans le concours de tous deux.

Le mandant est tenu d'exécuter les engagements contractés par le mandataire, conformément au pouvoir qu'il lui a donné (art. 1998 du Code Napoléon).

Il doit lui rembourser les avances et frais que celui-ci a faits pour l'exécution du mandat (art. 1999 du Code Napoléon).

Il doit encore l'indemniser des pertes qu'il aurait essuyées à l'occasion de la gestion, sans négligence qui lui soit imputable (art. 2000 du Code Napoléon).

L'aveu fait en justice par le mandataire n'engage ni lui, ni son mandant.

Le mandat finit :

Par la révocation du mandataire, par la renonciation de celui-ci au mandat, enfin, par la mort, soit du mandant, soit du mandataire (art. 2003 du Code Napoléon).

La révocation du mandataire ne compte que du jour de la notification à lui faite.

La constitution d'un nouveau mandataire, sans révocation du premier, n'entraîne pas le retrait des pouvoirs de celui-ci ; elle impose à tous deux l'obligation d'agir ensemble.

TITRE XII.

DU CAUTIONNEMENT.

Le cautionnement est un contrat par lequel une ou plusieurs personnes répondent de la sûreté d'une dette et s'obligent à l'acquitter si le débiteur n'y satisfait.

Il est une autre sorte de cautionnement dont nous n'avons pas à nous occuper, c'est le cautionnement personnel, c'est-à-dire l'engagement pris par un tiers de présenter, toutes les fois qu'il en sera requis, la personne pour laquelle il répond.

Le cautionnement doit toujours être gratuit.

Le cautionnement, qui est, dit la loi musulmane, un des actes d'humanité les plus louables que l'homme puisse exercer envers son prochain, oblige celui qui se rend caution à satisfaire le créancier, si le débiteur ne le satisfait pas lui-même.

Le créancier est maître de diriger ses poursuites contre la caution ou contre le débiteur et même contre tous les deux à la fois.

Le cautionnement ne peut excéder ce qui est dû par le débiteur, ni être contracté sous des conditions plus onéreuses; il peut être donné pour partie de la dette seulement (art. 2013 du Code Napoléon).

Si deux personnes ont cautionné ensemble une même dette, le créancier peut renoncer à ses droits vis-à-vis de l'une des cautions, sans perdre son recours contre l'autre.

Dans tous les cas, le créancier est libre de poursuivre indistinctement l'une ou l'autre des cautions.

Tous les bénéfices accordés par le créancier au débiteur principal profitent à la caution ; les bénéfices accordés à la caution ne profitent pas au débiteur.

Si la caution dégage sa garantie vis-à-vis du créancier, elle n'a aucune action contre le débiteur principal pour obtenir la restitution des sommes par elle déboursées dans ce but.

Si, pour dégager sa garantie, la caution emprunte au nom et pour le compte du débiteur une somme destinée à rembourser, elle est personnellement responsable du remboursement du prêt.

La caution ne peut exercer de recours contre le débiteur qu'après avoir satisfait à ses propres engagements ; elle est, après paiement, subrogée à tous les droits du créancier et peut exercer contre le débiteur toutes les poursuites qui ont été exercées contre elle.

TITRE XIII.

NANTISSEMENT — GAGES — HYPOTHÈQUES.

Le nantissement est un contrat par lequel un débiteur remet une chose à son créancier pour sûreté de la dette (art. 2071 du Code Napoléon).

Le nantissement d'une chose mobilière s'appelle gage.

Celui d'une chose immobilière s'appelle hypothèque (art. 2072 dn Code Napoléon).

La loi permet d'abandonner comme gage un objet dont la remise ou tradition n'est pas sans incertitude, par la raison que celui qui accepte un gage peut également prêter sans exiger de sûreté.

Pour que le nantissement soit valable, il faut que le débiteur ait la propriété absolue de la chose qui en est l'objet et qu'il puisse en disposer.

Ceci semble venir en contradiction avec ce qui a été dit plus haut; la contradiction n'existe pas cependant, car, s'il importe peu qu'il y ait incertitude sur l'époque de la remise de l'objet, il est de toute nécessité que la propriété repose sur la tête de celui qui fournit le gage.

Toutes les choses qui peuvent être vendues peuvent être données en gage.

Tant que le gage n'a pas été livré, celui qui l'a proposé est libre de retirer son offre.

Il faut que le gage soit tel, que la vente en puisse être légale en ce sens qu'il ne soit pas une chose impure; qu'il soit une chose d'utilité ou d'usage; qu'il soit possible de le livrer; qu'il soit connu; enfin, qu'il ne soit pas défendu.

Le gage doit équivaloir à peu près au montant de la dette, et, s'il périt par la faute du créancier, la perte en est pour lui jusqu'à concurrence de sa créance.

Le gage est valablement donné par l'*ouali* ou tuteur naturel, testamentaire, ou autre, lorsque ce tuteur agit dans l'intérêt et au nom de son pupille.

S'il y a deux tuteurs, l'un d'eux ne peut seul et sans l'assentiment de l'autre rien engager au nom de l'orphelin ; s'ils sont en désaccord, ils doivent en référer au magistrat, qui juge de l'opportunité de la mise en gage projetée.

La loi musulmane permet de donner en gage une fraction de chose ; mais, alors, la chose tout entière doit être remise à la disposition du prêteur.

Si l'emprunteur n'est propriétaire que du tiers, que du quart de la chose, et s'il ne peut disposer de la différence de sa portion au tout, le gage n'est point valable.

Un débiteur peut donner à deux de ses

créanciers un gage équivalent à leurs créances, et deux débiteurs peuvent engager à
un créancier commun un bien également
commun.

Mais, dans le premier cas, le débiteur
qui aurait déjà payé l'un de ses créanciers
ne saurait rien réclamer de son gage, à
moins qu'il n'ait pleinement satisfait l'autre.
Le créancier commun de deux débiteurs a
pareillement le droit de garder le gage commun jusqu'à ce qu'il soit entièrement payé
de l'un et de l'autre.

Le surplus de valeur d'un gage qui, par
exemple, vaut cent pièces et a été engagé
pour garantie d'une somme de cinquante
pièces peut être assigné comme sûreté d'une
autre dette à un second créancier, mais à
la condition que le premier créancier dépositaire connaîtra et approuvera ce second
engagement.

Si un créancier, dont la créance déjà ancienne est garantie ou non par un gage, fait

un prêt nouveau au même débiteur et en exige un gage qui le nantisse pour la dette ancienne et pour le prêt actuel, la mise en gage est nulle par rapport à l'ancienne dette, car alors il y a un prêt avec intérêt ou prêt usuraire.

Si celui qui a mis en gage a repris par violence ou usurpation le gage donné, le créancier peut le revendiquer partout.

Si celui qui a donné un esclave à l'état de gage le reprend et l'affranchit, le montant du prêt, qu'il y ait terme ou non, devient sur-le-champ exigible.

Les frais nécessaires à la garde ou à la conservation d'un gage ou d'une hypothèque sont à la charge du créancier; mais s'il s'agit d'esclaves ou de bestiaux, le débiteur est tenu de leur entretien.

Lorsqu'il s'agit d'un terrain cultivé, soit jardin, verger, potager ou vignoble, l'entretien est également aux frais du débiteur, parce que les produits sont pour son compte;

mais dans tous les cas où il serait question de frais extraordinaires ils doivent être partagés entre le débiteur et le créancier, ce qui exige d'avance le consentement et le concours des deux parties.

Il n'est permis au créancier de stipuler qu'il fera gratuitement usage de la chose livrée en gage que dans le cas où la durée de l'emploi de cette chose a été déterminée.

Si la chose engagée est du nombre de celles qui disparaissent ou peuvent être facilement cachées, le créancier est responsable en cas de disparition ou de perte.

Si le débiteur, après avoir donné un gage, vient à le vendre, il y a lieu de distinguer 1° si le prix de vente est égal ou supérieur à la dette, 2° si le prix de vente est inférieur.

Dans le premier cas, le créancier n'a rien à dire; il prend le prix jusqu'à concurrence de sa créance; dans le deuxième cas, il est libre d'invalider la vente ou de prendre le prix en provenant, sous réserve de répéter la différence vis-à-vis le débiteur.

Un créancier hypothécaire qui n'est pas satisfait au terme convenu peut poursuivre en justice son débiteur et même exiger son emprisonnement ; il a le droit de garder la totalité du gage jusqu'à l'entier paiement de sa créance, quand même il aurait reçu des à-comptes.

Toutefois, il ne peut se dessaisir du gage, soit en le vendant, soit de toute autre manière, que lorsque le débiteur, en contractant sa dette, lui a concédé le droit de le vendre.

Si au terme convenu le débiteur est dans l'impossibilité d'acquitter la dette et s'il n'y a pas de chances d'obtenir le paiement d'une autre manière, le créancier doit s'adresser au cadi, afin d'obtenir l'autorisation de vendre judiciairement. Après avoir entendu contradictoirement les deux parties, le magistrat décide s'il y a ou non lieu de vendre.

En cas d'absence du débiteur, le créancier procède de la même manière.

En cas de mort ou de faillite du débiteur, la créance hypothécaire est considérée comme privilégiée.

En cas de contestations sur la valeur des conventions, sur le montant de la dette, sur la question de savoir si l'objet a été remis, soit à titre de dépôt, soit à titre de gage, le mode de procéder est celui usité en toutes matières : les parties se rendent chez le cadi qui, après les avoir entendues contradictoirement, leur défère le serment. La parole de celui qui nie que la chose a été donnée à titre de gage fait autorité ; celui qui soutient la réalité du gage doit apporter les preuves de ce qu'il allègue.

TITRE XIV.

DE LA PREUVE DES OBLIGATIONS.

La preuve testimoniale est admise en toutes matières et en tout état de cause.

Les musulmans se fondent sur les passages suivants du livre :......... « Appelez deux témoins choisis parmi vous; si vous ne trouvez pas deux hommes, appelez en un seul, et deux femmes parmi les personnes habiles à témoigner, afin que, si l'une oublie, l'autre puisse rappeler le fait. Les témoins ne doivent pas refuser de faire leurs dépositions toutes les fois qu'ils en seront requis........ Appelez des témoins dans vos transactions et ne faites violence ni à l'écrivain, ni au témoin; si vous le faites vous commettez un crime (Coran; traduction de Kasimirski, chap. 11, v. 282). »

Dans toute action judiciaire, c'est au demandeur à prouver ses droits; il doit énoncer dans sa demande la nature de l'objet réclamé, ses droits ou ses titres sur cet objet et son désir d'obtenir justice.

Après l'exposé de la demande, le cadi interroge le défendeur; si ce dernier reconnaît juste la réclamation, le magistrat adjuge au demandeur ses conclusions; s'il conteste, les témoins du demandeur sont entendus.

Si le demandeur n'a point de témoins à faire entendre, il peut déférer le serment au défendeur; celui-ci ne peut référer le serment à son adversaire, quand même il en ferait dépendre le sort de sa cause.

Le serment prêté ou refusé détermine le jugement.

Si, après un serment prêté, le demandeur trouve des témoins connaissant les faits articulés et déniés par son adversaire, il peut, s'il le juge convenable, le traduire de nouveau devant le cadi.

Le défendeur peut aussi produire des témoins pour soutenir son affirmation.

Ainsi, par exemple, lorsque ayant entre les mains l'objet réclamé, le défendeur soutient l'avoir reçu d'une personne tierce à titre de dépôt, de gage, etc., il peut produire des témoins pour soutenir ses allégations.

Lorsque la preuve testimoniale est offerte par les deux adversaires et lorsque la cause permet de les considérer tous deux comme demandeurs et défendeurs en même temps, le juge autorise celui des deux dont les prétentions lui paraissent les moins admissibles à faire la preuve.

Le prophète a dit : « Rendez témoignage à la vérité ; mais seulement alors que le fait est à vos yeux aussi clair que le soleil. »

Pour attester un fait ou une parole il faut donc, d'après ces prescriptions, l'avoir vu ou entendue.

La déposition doit être faite, à peine de

nullité, en présence du juge et de la partie adverse.

Le principe *testis unus, testis nullus* est en pleine vigueur chez les musulmans.

Pour qu'une preuve soit complète, il faut que le fait soit établi par le témoignage de deux hommes ou d'un homme et de deux femmes.

Les témoins affirment mais ne prêtent pas serment.

Il faut que leurs témoignages soient unanimes et conformes les uns aux autres.

Pour être habile à déposer en justice, il faut être majeur, musulman, de condition libre et reconnu pour un homme probe, vertueux et instruit.

Sont inhabiles à être témoins les aveugles, les condamnés à des peines afflictives, les hommes vicieux, les blasphémateurs, les collecteurs de deniers publics, les individus qui exercent un métier proscrit par l'islamisme, les parents en ligne directe ascendante et descendante, enfin les infidèles.

Un témoin qui se trouve, soit pour cause de maladie, soit pour cause d'absence, dans l'impossibilité de venir témoigner peut charger une personne qui jouit des qualités requises de faire sa déposition en son nom; dans ce cas, il doit exposer clairement et nettement les faits à son suppléant.

TITRE XV.

DU SERMENT.

Le serment est de deux sortes : simple ou grave.

Le serment simple est celui qui est exigé d'une personne dont la vertu et la probité sont hors de doute.

Le serment simple fait seulement mention du nom de Dieu.

Le serment grave est exigé de toute personne ne réunissant pas toutes les garanties de moralité désirables. En voici la formule :

« Je jure par Dieu, par ce Dieu unique, qui voit tout, qui sait tout, qui entend tout, par ce Dieu clément et miséricordieux, à qui rien n'échappe......... »

Ce serment est prononcé publiquement, la main droite placée sur le Coran.

TITRE XVI.

DE LA PRESCRIPTION.

La prescription est un moyen d'acquérir ou de se libérer par un certain laps de temps et sous les conditions déterminées par la loi (art. 2219 du Code Napoléon).

Les créanciers, les cautions ou toutes autres personnes ayant intérêt à ce que la prescription soit acquise peuvent l'opposer, encore que le débiteur ou le propriétaire y renonce (art. 2225 du Code Napoléon).

Pour pouvoir prescrire, il faut avoir la

possession continue et non interrompue pendant un certain temps.

Toutes les actions se prescrivent par quinze ans.

D'après un fethoua rendu par le muphti Amadi-ebns-Saoud-Effendi, sous le règne de Suleiman Ier, la propriété des biens qui ont fait partie des dotations pieuses (habous) se prescrit par trente-six ans.

Nous voici arrivé à la fin de notre tâche. En terminant ce travail, nous dirons encore: Nous n'avons pas la prétention de livrer à la publicité une œuvre originale.

Notre traité est composé presque entièrement d'extraits de la traduction de Sidi-Khelil, par M. Perron, et du *Tableau de l'empire ottoman*, par d'Hosson.

En indiquant les sources où nous avons puisé les renseignements qui précèdent, nous invitons ceux qui voudraient acquérir une connaissance approfondie du droit musulman à y recourir avec confiance.

L'étude des auteurs que nous venons de citer est aride, peut-être, mais elle est nécessaire.

Nous avons eu pour but l'utilité qui peut résulter, pour les hommes pratiques, de la réunion dans un petit volume des principes d'un droit trop peu connu.

Puissions-nous avoir réussi!..

FIN.

TABLE DES MATIÈRES.

FIN DE LA TABLE.

www.ingramcontent.com/pod-product-compliance
Lightning Source LLC
Chambersburg PA
CBHW060537210326
41519CB00014B/3246